AF847954

Terminological Series
issued by the Foreign Office of the Federal Republic of Germany
Volume 3

Terminologische Schriftenreihe
herausgegeben vom Auswärtigen Amt der Bundesrepublik Deutschland
Band 3

Série de publications terminologiques du Ministère des Affaires étrangères
de la République fédérale d'Allemagne
tome 3

Publicaciones terminológicas
editadas por el Ministerio de Relaciones Exteriores
de la República Federal de Alemania
Volumen 3

W DE G Walter de Gruyter · Berlin · New York 1990

German Institutions

Designations, Abbreviations, Acronyms
compiled by the Language Services Division
of the Foreign Office of the Federal Republic of Germany

Deutsche Einrichtungen

Bezeichnungen, Abkürzungen, Akronyme
zusammengestellt vom Sprachendienst des Auswärtigen Amts
der Bundesrepublik Deutschland

Institutions allemandes

Dénominations, abréviations, acronymes
répertoire établi par les Services linguistiques
du Ministère des Affaires étrangères
de la République fédérale d'Allemagne

Instituciones Alemanas

Denominaciones, abreviaturas y acrónimos
compilados por el Servicio de Idiomas
del Ministerio de Relaciones Exteriores
de la República Federal de Alemania

Walter de Gruyter · Berlin · New York 1990

Library of Congress Cataloging-in-Publication Data

German institutions : designations, abbreviations, acronyms / compiled by the Language Services Division of the Foreign Office of the Federal Republic of Germany = Deutsche Einrichtungen : Zusammengestellt vom Sprachendienst des Auswärtigen Amts der Bundesrepublik Deutschland.
p. cm – (Terminological series v. 3 = Terminologische Schriftenreihe : Bd. 3)
English, German, French, and Spanish.
Includes index.
ISBN 0-89925-584-1 : DM 48.00 ($ 29.00 : U.S.)
1. Associations, institutions, etc. – Germany (West) – Directories. 2. Associations, institutions, etc. – Germany (West) – Abbreviations-Dictionaries.
I. Germany (West). Auswärtiges Amt. Sprachendienst.
II. Title: Deutsche Einrichtungen.
III. Series: Terminological series ; v. 3.
AS178.G47 1989
063 – dc20 89-16776
CIP

CIP-Titelaufnahme der Deutschen Bibliothek

German institutions : designations, abbreviations, acronyms = Deutsche Einrichtungen : Bezeichnungen, Abkürzungen, Akronyme = Institutions allemandes / comp. by the Language Services Division of the Foreign Office of the Federal Republic of Germany. – Berlin ; New York : de Gruyter, 1989
(Terminological series ; Vol. 3)
ISBN 3-11-012087-9
NE: Deutschland <Bundesrepublik> / Auswärtiges Amt /
Sprachendienst; 1. PT; GT

© Copyright 1989 by Walter de Gruyter & Co., 1000 Berlin 30.
All rights reserved, including those of translation into foreign languages. No part of this book may be reproduced in any form – by photoprint, microfilm, or any other means – nor transmitted nor translated into a machine language without written permission from the publisher.
Printing: Ernst Kieser GmbH, Graphischer Betrieb, Augsburg.
Binding: Verlagsbuchbinderei Dieter Mikolai, Berlin.
Printed in Germany.

How to use the glossary

This glossary contains designations of German authorities, associations, organizations, foundations, missions abroad, political parties and other institutions of public interest, together with their respective abbreviations and foreign-language equivalents in up to ten languages.

Where institutions included in the glossary had already established their own foreign-language designations, these were adopted without change. In cases where there were no English, French or Spanish equivalents, the Language Services Division of the Foreign Office of the Federal Republic of Germany established such equivalents, unless the institutions concerned deliberately do not use a foreign-language designation. This applies, for example, to the Deutsche Bibliothek, which exclusively employs its German title, even in foreign-language correspondence.

In many cases, equivalents in Italian, Dutch, Polish, Portuguese (including Brazilian variants), Russian and Serbo-Croat were included. It is intended to expand the glossary in due course.

This glossary is primarily meant to be an aid and reference work for anyone who requires reliable foreign-language designations of diverse institutions in the Federal Republic of Germany for the purpose of preparing/revising or translating texts.

In using foreign-language equivalents, it is recommendable to add the German designation in brackets when it first occurs in the foreign-language text. This makes it clear that any identity of the translated designation with the name of a foreign institution does not automatically imply that they have the same functions.

The glossary consists of four parts:

- Main part: The main part contains not only German designations and abbreviations as well as the respective foreign-language equivalents, but also references to higher-ranking authorities and explanations in German on their status. References to higher-ranking authorities are marked with <.
- Keyword index: The German keyword index provides additional assistance in locating designations listed in the main part.
- Abbreviations index: The abbreviations index alphabetically lists the abbreviations used by the institutions and the corresponding full German titles.
- Hierarchical index: The hierarchical index provides an overview of the major authorities and their sub-divisions contained in the glossary.

Hinweise zur Benutzung

Das Verzeichnis „Deutsche Einrichtungen" enthält Bezeichnungen deutscher Behörden, Verbände, Organisationen, Stiftungen, Auslandsvertretungen, Parteien und sonstiger Einrichtungen von öffentlichem Interesse mit ihren jeweiligen Abkürzungen und fremdsprachigen Entsprechungen in drei bis zehn Sprachen.

Soweit die in das Verzeichnis aufgenommenen Einrichtungen selbst bereits fremdsprachige Bezeichnungen festgelegt hatten, wurden diese unverändert übernommen. Fehlende Entsprechungen in englischer, französischer und spanischer Sprache wurden vom Sprachendienst des Auswärtigen Amts ergänzt, sofern die jeweiligen Einrichtungen nicht bewußt auf eine fremdsprachige Wiedergabe ihrer Bezeichnungen verzichten. Dies gilt zum Beispiel für die Deutsche Bibliothek, die auch im fremdsprachigen Schriftverkehr ausschließlich ihre deutsche Bezeichnung verwendet.

Vielfach sind auch Entsprechungen in italienischer, niederländischer, polnischer, portugiesischer (einschließlich brasilianischer Varianten), russischer und serbokroatischer Sprache angegeben. Eine inhaltlich und sprachlich erweiterte Folgeauflage dieses Verzeichnisses ist geplant.

Dieser Band ist vornehmlich als Arbeitshilfe und Nachschlagewerk für Personen gedacht, die für das Erstellen, Redigieren und Übersetzen von Texten zuverlässige fremdsprachige Bezeichnungen für die verschiedensten Einrichtungen in der Bundesrepublik Deutschland benötigen.

Im Hinblick auf die Benutzung der fremdsprachigen Bezeichnungen empfiehlt es sich, beim erstmaligen Auftreten in einem fremdsprachigen Text die deutsche Bezeichnung in Klammern anzufügen. Damit wird deutlich, daß die etwaige Übereinstimmung der übersetzten Bezeichnung mit dem Namen einer ausländischen Einrichtung nicht ohne weiteres auf eine deckungsgleiche Aufgabenstellung schließen läßt.

Das Verzeichnis besteht aus vier Teilen:

- Hauptteil: Der Hauptteil enthält neben den deutschen Bezeichnungen und Abkürzungen sowie ihren fremdsprachigen Entsprechungen Hinweise auf übergeordnete Behörden und Erläuterungen zum Status in deutscher Sprache. Hinweise auf übergeordnete Behörden sind mit < gekennzeichnet.
- Stichwortindex: Der deutsche Stichwortindex enthält zusätzliche Suchhilfen zur besseren Erschließung der im Hauptteil aufgeführten Bezeichnungen.
- Abkürzungsindex: Der Abkürzungsindex enthält in alphabetischer Folge die von den Einrichtungen verwendeten Abkürzungen und die zugehörigen deutschen Vollformen.
- Hierarchischer Index: Der hierarchische Index gibt einen Überblick über die in diesem Verzeichnis enthaltenen großen Behörden und ihren nachgeordneten Bereich.

Remarques pour l'emploi

Le répertoire «Institutions allemandes» contient les dénominations d'autorités, associations, organisations, fondations, représentations à l'étranger, partis et autres institutions d'intérêt public de la République fédérale d'Allemagne avec leurs abréviations respectives et les équivalents en trois à dix langues.

Dans la mesure où les institutions figurant au répertoire ont déjà fixé elles-mêmes leurs dénominations en langues étrangères, celles-ci ont été reprises littéralement. Dans les cas où les équivalents en langues anglaise, française ou espagnole n'existaient pas encore, ils ont été ajoutés par les Services linguistiques du Ministère des Affaires étrangères de la République fédérale d'Allemagne pour autant que les institutions concernées n'aient pas expressément renoncé à une traduction de leur dénomination. C'est le cas par exemple de la Deutsche Bibliothek qui, même dans sa correspondance en langue étrangère, emploie exclusivement sa dénomination allemande.

Dans de nombreux cas, ce répertoire indique également les équivalents en langues italienne, néerlandaise, polonaise, portugaise (y compris les variantes brésiliennes), russe et serbo-croate. Il est prévu de procéder ultérieurement à une réédition de ce répertoire en l'élargissant tant au plan des contenus qu'au plan des langues proposées.

Ce volume est conçu essentiellement comme instrument de travail et ouvrage de référence s'adressant aux personnes qui ont besoin, pour élaborer, rédiger ou traduire des textes, de dénominations fiables en langue étrangère pour les multiples institutions qui existent en République fédérale d'Allemagne.

En ce qui concerne l'emploi des dénominations en langue étrangère, il est recommandé, lorsque l'institution concernée est citée pour la première fois dans un texte en langue étrangère, d'ajouter la dénomination allemande entre parenthèses. Au cas où la traduction coïnciderait avec le nom d'une institution étrangère, le lecteur comprendra ainsi que l'identité des dénominations ne signifie pas obligatoirement que les tâches de ces deux institutions sont identiques.

Le répertoire comprend quatre parties:

- Partie principale: A côté des dénominations et des abréviations en allemand ainsi que des équivalents en langue étrangère, la partie principale contient des indications en langue allemande sur les autorités supérieures et sur le statut de l'institution concernée. Les indications portant sur des autorités supérieures sont marquées d'un «<».
- Index des mots-clés: L'index des mots-clés en langue allemande contient des indications supplémentaires destinées à faciliter la recherche des dénominations figurant à la partie principale.
- Index des abréviations: L'index des abréviations contient par ordre alphabétique les abréviations employées par les institutions et les dénominations complètes correspondantes en langue allemande.
- Index hiérarchique: L'index hiérarchique donne un aperçu des autorités supérieures figurant dans ce répertoire et des institutions qui leur sont subordonnées.

Indicaciones para el uso

El repertorio «Instituciones alemanas» contiene las denominaciones de una serie de organismos, asociaciones, organizaciones, fundaciones, representaciones en el extranjero, partidos y demás entidades alemanas de interés público con sus respectivas abreviaturas y los equivalentes en lengua extranjera, en tres idiomas como mínimo y diez como máximo.

En los casos en que las propias instituciones incluidas en el presente repertorio habían fijado previamente los equivalentes de sus denominaciones en idiomas extranjeros, dichos equivalentes se han asumido íntegramente. En los casos en que no constaban equivalentes en inglés, francés o español, estos han sido elaborados por el Servicio de Idiomas del Ministerio Federal de Relaciones Exteriores, siempre y cuando la entidad correspondiente no haya renunciado deliberadamente a la traducción de su denominación. Esto es aplicable por ejemplo a la Deutsche Bibliothek, que incluso en su correspondencia con el extranjero utiliza exclusivamente su denominación alemana.

En muchos casos también figuran los equivalentes en italiano, holandés, polaco, portugués (incluidas variantes brasileñas), ruso y serbocroata. Está prevista la publicación de una segunda edición aumentada del presente repertorio, en la que se completarán las informaciones y referencias en otros idiomas.

El presente volumen está pensado principalmente como ayuda de trabajo y obra de consulta para aquellas personas que necesitan traducciones fidedignas de las denominaciones de entidades de todo tipo en la República Federal de Alemania para elaborar, revisar o traducir textos.

Por lo que respecta a la utilización de los equivalentes en idiomas extranjeros es recomendable incluir la denominación alemana entre paréntesis detrás de la primera mención en el texto en lengua extranjera. Con ello se recalca que una eventual coincidencia de la denominación traducida con el nombre de una entidad extranjera no permita colegir sin más una identidad funcional.

El repertorio consta de cuatro partes:

- Parte principal: contiene, además de las denominaciones y abreviaturas alemanas y sus equivalentes en lengua extranjera, indicaciones sobre organismos superiores y observaciones en alemán sobre su status. Las indicaciones relativas a organismos superiores están marcadas con el signo <.
- Indice de palabras claves: el índice de palabras claves en alemán está destinado a facilitar la consulta de las denominaciones incluidas en la parte principal.
- Indice de abreviaturas: contiene, por orden alfabético, las abreviaturas utilizadas por las instituciones y las denominaciones completas correspondientes en alemán.
- Indice jerárquico: contiene una sinopsis de los grandes organismos incluidos en el repertorio y de sus órganos o entidades inferiores.

Inhaltsverzeichnis/Table of Contents

DE Absatzförderungsfonds der deutschen Land-, Forst- und Ernährungswirtschaft, Anstalt des öffentlichen Rechts
< BML
EN Sales Promotion Fund of German Agriculture, Forestry and Food Industry
FR Fonds de promotion des ventes des produits agricoles, forestiers et alimentaires allemands
ES Fondo de Promoción de Ventas de la Agricultura, la Silvicultura y el Sector Alimentario Alemanes

DE Afrika-Verein e.V.
EN Africa Association
FR Association Afrique
ES Asociación Africa

DE Akademie für zivile Verteidigung AkzV
< BMI
EN Civil Emergency Planning Academy
FR Ecole supérieure de défense civile
ES Escuela de Defensa Civil

DE Akademischer Austauschdienst → Deutscher Akademischer Austauschdienst e.V.

DE Alexander von Humboldt-Stiftung AvH
EN Alexander von Humboldt Foundation
FR Fondation Alexander von Humboldt
ES Fundación Alexander von Humboldt
IT Fondazione Alexander von Humboldt

DE Amt für den Militärischen Abschirmdienst (MAD-Amt) MAD
< BMVg
EN Federal Armed Forces Counterintelligence Office
FR Direction du service de sécurité militaire
ES Oficina de Contrainteligencia de las Fuerzas Armadas Federales

DE Amt für Militärisches Geowesen
< BMVg
EN Federal Armed Forces Geographic Office
FR Office géographique des Forces armées fédérales
ES Oficina Geográfica de las Fuerzas Armadas Federales

DE Amt für Nachrichtenwesen der Bundeswehr — ANBW
< BMVg
EN Federal Armed Forces Intelligence Office
FR Office de renseignement des Forces armées fédérales
ES Oficina Federal de Inteligencia de las Fuerzas Armadas

DE Amt für Studien und Übungen der Bundeswehr
< BMVg
EN Federal Armed Forces Office for Studies and Exercises
FR Office d'études et d'exercices des Forces armées fédérales
ES Oficina de Estudios y Ejercicios de las Fuerzas Armadas Federales

DE Amtsgericht
EN Local Court
FR Tribunal cantonal
ES Juzgado Local
IT Pretura
HS opštinski sud

DE Arbeiterwohlfahrt Bundesverband e.V. — AW
EN National Society of Labour Welfare
FR Association fédérale d'assistance ouvrière
ES Asociación Federal de Beneficencia Obrera

DE Arbeitsgemeinschaft für Entwicklungshilfe e.V. — AGEH
(Personaldienst deutscher Katholiken für Partner in Afrika, Asien und Lateinamerika)
EN Association for Development Aid
FR Association pour l'assistance au développement
ES Asociación de Cooperación para el Desarrollo

DE Arbeitsgericht
EN Labour Court
FR Tribunal du travail
ES Tribunal de Trabajo
IT Tribunale del Lavoro
HS radni sud

DE Arbeitskreis "Lernen und Helfen in Übersee" e.V. — LHÜ
EN Association for Learning and Helping Overseas
FR Association pour "apprendre et aider en outre-mer"
ES Asociación "Aprender y Ayudar en Ultramar"

DE Arbeitskreis Entwicklungspolitik e.V. AKE
EN Association for Development Studies
FR Association aux études de coopération
ES Círculo de Estudios de Ayuda al Desarrollo

DE Archäologisches Institut → Deutsches Archäologisches Institut

DE Ausgleichsamt → Bundesausgleichsamt

DE Ausländerzentralregister
< BMI
EN Central Aliens Registry
FR Registre central des étrangers
ES Registro Central de Extranjeros
IT Registro Centrale degli Stranieri

DE Ausstellungs- und Messe-Ausschuß der deutschen Wirtschaft e.V. AUMA
(wurde 1906 gegründet als "Ständige Ausstellungskommission für die deutsche Industrie")
EN German Council of Trade Fairs and Exhibitions
FR Comité de l'économie allemande pour les foires et expositions
ES Comisión de la Economía Alemana para Ferias y Exposiciones

DE Auswärtiges Amt AA
EN Federal Foreign Office
FR Ministère fédéral des Affaires étrangères
ES Ministerio Federal de Relaciones Exteriores
NL Bondsministerie van Buitenlandse Zaken
IT Ministero Federale degli Affari Esteri
RU Федеральное министерство иностранных дел
PT Ministério Federal dos Negócios Estrangeiros
PL Ministerstwo Spraw Zagranicznych
HS Ministarstvo inostranih poslova

DE Baudirektion → Bundesbaudirektion

DE Bauernverband → Deutscher Bauernverband e.V.

DE Beauftragter der Bundesregierung für die Verteilung im Grenzdurchgangslager Friedland

< BMI

EN Federal Government Commissioner for the Distribution of Resettlers, Friedland Transit Camp
FR Délégué du Gouvernement fédéral au camp de transit de Friedland, chargé des questions de répartition
ES Delegado del Gobierno Federal para Cuestiones de Distribución en el Campamento de Tránsito de Friedland

DE Beschaffungsamt der Bundeszollverwaltung

< BMF

EN Customs Procurement Branch
FR Service des achats de l'administration des douanes
ES Servicio de Provisión de la Administración Federal de Aduanas

DE Beschaffungsstelle des Bundesministers des Innern — BeschSt

< BMI

EN Procurement Agency of the Federal Ministry of the Interior
FR Service d'approvisionnement du Ministère fédéral de l'Intérieur
ES Servicio de Provisión del Ministerio Federal del Interior

DE Bevollmächtigter der Bundesregierung in Berlin

< BK

(untersteht unmittelbar dem Bundeskanzler)
EN Commissioner of the Federal Government in Berlin
FR Délégué du Gouvernement fédéral à Berlin
ES Delegado del Gobierno Federal en Berlín
IT Delegato del Governo Federale a Berlino
RU Уполномоченный Федерального правительства в Берлине
PT Delegado do Governo Federal em Berlim

DE Bevollmächtigter der Freien Hansestadt Bremen beim Bund
EN Commissioner of the Free Hanseatic City of Bremen to the Federation
FR Délégué de la Ville libre hanséatique de Brême auprès de la Fédération
ES Delegado de la Ciudad Libre Hanseática de Bremen ante la Federación
IT Delegato della Città Libera Anseatica di Brema presso la Federazione

DE Bevollmächtigter der Freien und Hansestadt Hamburg beim Bund
EN Commissioner of the Free and Hanseatic City of Hamburg to the Federation
FR Délégué de la Ville libre et hanséatique de Hambourg auprès de la Fédération
ES Delegado de la Ciudad Libre y Hanseática de Hamburgo ante la Federación
IT Delegato della Città Libera e Anseatica di Amburgo presso la Federazione

DE Bevollmächtigter des Freistaates Bayern beim Bund
EN Commissioner of the Free State of Bavaria to the Federation
FR Délégué de l'Etat libre de Bavière auprès de la Fédération
ES Delegado del Estado Libre de Baviera ante la Federación
IT Delegato dello Stato Libero di Baviera presso la Federazione

DE Bevollmächtigter des Landes Baden-Württemberg beim Bund
EN Commissioner of Land Baden-Württemberg to the Federation
FR Délégué du Land de Bade-Wurtemberg auprès de la Fédération
ES Delegado del Land Baden-Wurtemberg ante la Federación
IT Delegato del Land Baden-Württemberg presso la Federazione

DE Bevollmächtigter des Landes Berlin beim Bund
EN Commissioner of Land Berlin to the Federation
FR Délégué du Land de Berlin auprès de la Fédération
ES Delegado del Land Berlín ante la Federación
IT Delegato del Land Berlino presso la Federazione

DE Bevollmächtigter des Landes Hessen beim Bund
EN Commissioner of Land Hesse to the Federation
FR Délégué du Land de Hesse auprès de la Fédération
ES Delegado del Land Hesse ante la Federación
IT Delegato del Land Assia presso la Federazione

DE Bevollmächtigter des Landes Niedersachsen beim Bund
EN Commissioner of Land Lower Saxony to the Federation
FR Délégué du Land de Basse-Saxe auprès de la Fédération
ES Delegado del Land Baja Sajonia ante la Federación
IT Delegato del Land Bassa Sassonia presso la Federazione

DE Bevollmächtigter des Landes Nordrhein-Westfalen beim Bund
EN Commissioner of Land North-Rhine/Westphalia to the Federation
FR Délégué du Land de Rhénanie du Nord/Westphalie auprès de la Fédération
ES Delegado del Land Renania del Norte/Westfalia ante la Federación
IT Delegato del Land Renania Settentrionale-Vestfalia presso la Federazione

DE Bevollmächtigter des Landes Rheinland-Pfalz beim Bund
EN Commissioner of Land Rhineland-Palatinate to the Federation
FR Délégué du Land de Rhénanie-Palatinat auprès de la Fédération
ES Delegado del Land Renania-Palatinado ante la Federación
IT Delegato del Land Renania-Palatinato presso la Federazione

DE Bevollmächtigter des Landes Schleswig-Holstein beim Bund
EN Commissioner of Land Schleswig-Holstein to the Federation
FR Délégué du Land de Schleswig-Holstein auprès de la Fédération
ES Delegado del Land Schleswig-Holstein ante la Federación
IT Delegato del Land Schleswig-Holstein presso la Federazione

DE Bevollmächtigter des Saarlandes beim Bund
EN Commissioner of Saarland to the Federation
FR Délégué de la Sarre auprès de la Fédération
ES Delegado de la Sarre ante la Federación
IT Delegato della Saar presso la Federazione

DE Bildungszentrum der Bundesfinanzverwaltung
< BMF
EN Training Centre of the Federal Revenue Administration
FR Ecole fédérale des finances
ES Escuela Federal de Hacienda

DE Binnenschiffahrts-Berufsgenossenschaft
EN Prevention and Insurance Authority for Inland Navigation Personnel
FR Office de prévoyance et d'assurance contre les accidents des bateliers
ES Oficina de Previsión y Seguros contra Accidentes en la Navegación Fluvial

DE Biologische Anstalt Helgoland BAH
< BMFT
EN Helgoland Biological Institute
FR Institut biologique de Helgoland
ES Centro Biológico de Helgoland
IT Istituto Biologico di Helgoland

DE Biologische Bundesanstalt für Land- und Forstwirtschaft BBA < BML
EN Federal Biological Research Centre for Agriculture and Forestry
FR Centre fédéral de recherches biologiques pour l'agriculture et les forêts
ES Centro Federal de Investigaciones Biológicas para Agricultura y Silvicultura
IT Centro Federale di Ricerca Biologica per l'Agricoltura e la Silvicoltura

DE Bischofskonferenz → Deutsche Bischofskonferenz

DE Börsenverein des Deutschen Buchhandels e.V.
EN German Publishers and Booksellers Association
FR Association des éditeurs et libraires allemands
ES Asociación de Editores y Libreros Alemanes
RU Биржевое объединение немецкой книготорговли

DE Botschaft der Bundesrepublik Deutschland
EN Embassy of the Federal Republic of Germany
FR Ambassade de la République fédérale d'Allemagne
ES Embajada de la República Federal de Alemania
IT Ambasciata della Repubblica Federale di Germania
RU Посольство Федеративной Республики Германия
PT Embaixada da República Federal da Alemanha
PL Ambasada Republiki Federalnej Niemiec
HS Ambasada Savezne Republike Nemačke

DE Bund der deutschen Landjugend im Deutschen Bauernverband e.V.
EN German Federation of Rural Youth
FR Fédération allemande de la jeunesse rurale
ES Federación Alemana de la Juventud Rural

DE Bund-Länder-Kommission für Bildungsplanung und Forschungsförderung BLK < ChBPrA
EN Federal-Länder Commission for Educational Planning and Research Promotion
FR Commission de la Fédération et des Länder pour la planification de l'éducation et la promotion de la recherche
ES Comisión de la Federación y de los Länder para la Planificación de la Educación y la Promoción de la Investigación

DE Bundesakademie für öffentliche Verwaltung im Bundesministerium des Innern — BAköV
< BMI
EN Federal Academy of Public Administration at the Federal Ministry of the Interior
FR Académie fédérale d'administration publique auprès du Ministère fédéral de l'Intérieur
ES Academia Federal para la Administración Pública en el Ministerio Federal del Interior

DE Bundesakademie für Wehrverwaltung und Wehrtechnik — BAkWVT
< BMVg
EN Federal Academy of Defence Administration and Technology
FR Académie fédérale d'administration de la défense et d'armement
ES Escuela Federal de Administración y Técnica Militares

DE Bundesamt für äußere Restitutionen
< BMF
EN Federal Office for External Restitution
FR Office fédéral des restitutions externes
ES Oficina Federal de Restituciones Exteriores

DE Bundesamt für den Zivildienst — BAZ
< BMJFFG
EN Federal Office of Civilian Service
FR Office fédéral du service civil
ES Oficina Federal de Servicio Civil

DE Bundesamt für die Anerkennung ausländischer Flüchtlinge — BAFl
< BMI
EN Federal Agency for the Recognition of Foreign Refugees
FR Office fédéral de reconnaissance des réfugiés étrangers
ES Oficina Federal de Reconocimiento de Refugiados Extranjeros

DE Bundesamt für Ernährung und Forstwirtschaft — BEF
< BML
(unmittelbar nachgeordnete Bundesbehörde)
EN Federal Food and Forestry Agency
FR Office fédéral de l'alimentation et des forêts
ES Oficina Federal de Alimentación y Silvicultura

DE Bundesamt für Finanzen — BfF
< BMF
(Bundesoberbehörde)
EN Federal Finance Office
FR Office fédéral des finances
ES Oficina Federal de Finanzas
IT Ufficio Federale delle Finanze

DE Bundesamt für gewerbliche Wirtschaft
(ehemalige Bezeichnung des → Bundesamts für Wirtschaft)

DE Bundesamt für Schiffsvermessung — BAS
< BMV
(Bundesoberbehörde)
EN Federal Board of Tonnage Measurement
FR Office fédéral de jaugeage des navires
ES Oficina Federal de Arqueo de Buques

DE Bundesamt für Sera und Impfstoffe → Paul-Ehrlich-Institut - Bundesamt für Sera und Impfstoffe -

DE Bundesamt für Verfassungsschutz — BfV
< BMI
(Bundesoberbehörde)
EN Federal Office for the Protection of the Constitution
FR Office fédéral pour la protection de la Constitution
ES Oficina Federal de Defensa de la Constitución
IT Ufficio Federale per la Protezione della Costituzione

DE Bundesamt für Wehrtechnik und Beschaffung — BWB
< BMVg
EN Federal Office of Defence Technology and Procurement
FR Office fédéral de la technique militaire et des approvisionnements
ES Oficina Federal de Técnica Militar y Adquisiciones

DE Bundesamt für Wirtschaft — BAW
< BMWi

(Bundesoberbehörde; frühere Bezeichnung: Bundesamt für gewerbliche Wirtschaft)

EN Federal Office of Economics
FR Office fédéral de l'économie
ES Oficina Federal de Economía
IT Ufficio Federale dell'Economia
RU Федеральное ведомство экономики

DE Bundesamt für Zivilschutz — BZS
< BMI

EN Federal Civil Defence Agency
FR Office fédéral de la protection civile
ES Oficina Federal de Protección Civil
IT Ufficio Federale per la Protezione Civile

DE Bundesanstalt für Arbeit — BA
< BMA

(Selbstverwaltungskörperschaft unter Rechtsaufsicht des Bundesministers für Arbeit)

EN Federal Institute for Employment
FR Office fédéral de l'emploi
ES Instituto Federal del Trabajo
IT Istituto Federale del Lavoro
RU Федеральное ведомство по вопросам труда

DE Bundesanstalt für Arbeitsschutz — BAU
< BMA

EN Federal Institute for Occupational Safety and Health
FR Institut fédéral de sécurité et de santé au travail
ES Instituto Federal de Seguridad y Salud Ocupacional

DE Bundesanstalt für den Güterfernverkehr — BAG
< BMV

(BMV hat bestimmte Aufsichtsbefugnisse)

EN Federal Institute for Long-Distance Goods Transport by Road
FR Institut fédéral pour les transports routiers de marchandises à longue distance
ES Instituto Federal de Transportes de Mercancías a Larga Distancia

DE Bundesanstalt für Fettforschung
< BML
EN Federal Centre for Fat Research
FR Centre fédéral de recherche sur les graisses
ES Centro Federal de Investigación de Lípidos

DE Bundesanstalt für Fleischforschung BAFF
< BML
EN Federal Centre for Meat Research
FR Centre fédéral de recherches sur les viandes
ES Departamento Federal de Investigación en Carnes
RU Федеральный Институт исследования мяса

DE Bundesanstalt für Flugsicherung BFS
< BMV
(Bundesanstalt des öffentlichen Rechts)
EN Federal Administration of Air Navigation Services
FR Institut fédéral pour le contrôle de la navigation aérienne
ES Instituto Federal de Seguridad Aeronáutica

DE Bundesanstalt für Geowissenschaften und Rohstoffe BGR
< BMWi
EN Federal Institute for Geosciences and Natural Resources
FR Institut fédéral de géosciences et de ressources naturelles
ES Instituto Federal de Geociencias y Recursos Naturales
RU Федеральное ведомство по геонаукам и сырьевым материалам

DE Bundesanstalt für gesamtdeutsche Aufgaben → Gesamtdeutsches Institut - Bundesanstalt für gesamtdeutsche Aufgaben

DE Bundesanstalt für Gewässerkunde BfG
< BMV
(Bundesoberbehörde)
EN Federal Institute for Hydrology
FR Institut fédéral d'hydrologie
ES Instituto Federal de Hidrología

DE Bundesanstalt für landwirtschaftliche Marktordnung BALM
< BML
EN Federal Institute for Agricultural Market Regulation
FR Institut fédéral de l'organisation des marchés agricoles
ES Instituto Federal de Organización de los Mercados Agrícolas

DE Bundesanstalt für Materialforschung und -prüfung BAM
< BMWi

EN Federal Institute for Materials Research and Testing
FR Institut fédéral pour la recherche et les essais des matériaux
ES Instituto Federal para la Investigación y el Ensayo de Materiales
RU Федеральный институт по исследованию и испытанию материалов

DE Bundesanstalt für Milchforschung
< BML

EN Federal Dairy Research Centre
FR Centre fédéral de recherches laitières
ES Centro Federal de Investigaciones Lácteas

DE Bundesanstalt für Straßenwesen BASt
< BMV

EN Federal Road Research Institute
FR Institut fédéral des recherches routières
ES Instituto Federal de Carreteras

DE Bundesanstalt für Wasserbau BAW
< BMV

EN Federal Institute for Waterway Engineering
FR Institut fédéral des constructions hydrauliques
ES Instituto Federal de Construcciones Hidráulicas

DE Bundesanstalt Technisches Hilfswerk (im Bundesamt für Zivilschutz) THW
< BMI

(Katastrophenschutzorganisation des Bundes)
EN Federal Institute "Technical Support Service"
FR Institut fédéral "service de secours technique"
ES Instituto Federal "Servicio de Asistencia Técnica"

DE Bundesarbeitsgemeinschaft der Freien Wohlfahrtspflege e.V. BAGFW
EN Federal Association of Voluntary Welfare Work
FR Groupement fédéral des organisations indépendantes de bienfaisance
ES Asociación Federal de Beneficencia Voluntaria

DE Bundesarbeitsgemeinschaft für Rehabilitation BAR
< BMA

EN Federal Association for Rehabilitation
FR Association fédérale pour la réadaption
ES Asociación Federal para la Rehabilitación

DE Bundesarbeitsgericht — BAG
< BMA

EN Federal Labour Court
FR Cour fédérale du travail
ES Corte Federal de Trabajo
IT Corte Federale del Lavoro
HS Savezni radni sud

DE Bundesarchiv — BArch
< BMI

(zentrale Bundesbehörde)
EN Federal Records Office
FR Archives fédérales
ES Archivo Federal
IT Archivio Federale

DE Bundesaufnahmestelle (in Berlin, ... in Gießen) — BAufnSt
< BMI

EN Federal Agency for Admission
FR Bureau fédéral d'admission
ES Oficina Federal de Admisión

DE Bundesaufsichtsamt für das Kreditwesen — BAKred
< BMF

(Bundesoberbehörde)
EN Federal Banking Supervisory Office
FR Office fédéral de contrôle de la profession bancaire
ES Oficina Federal de Control Bancario
IT Ufficio Federale di Supervisione Bancaria

DE Bundesaufsichtsamt für das Versicherungswesen — BAV
< BMF

(Bundesoberbehörde)
EN Federal Insurance Supervisory Office
FR Office fédéral de contrôle des organismes d'assurance
ES Oficina Federal de Control de Seguros
IT Ufficio Federale di Supervisione delle Assicurazioni

DE Bundesausführungsbehörde für Unfallversicherung BafU
< BMA
EN Implementing Agency for the Accident Insurance of Federal Government Employees
FR Organisme de gestion de l'assurance-accidents des employés et des ouvriers de la Fédération
ES Autoridad Ejecutiva Federal del Seguro de Accidentes

DE Bundesausgleichsamt BAA
< BMI
EN Federal Equalization of Burdens Office
FR Office fédéral de péréquation
ES Oficina Federal de Compensación
IT Ufficio Federale di Perequazione

DE Bundesbahn → Deutsche Bundesbahn

DE Bundesbahn-Zentralamt BZA
< BMV
EN Central Office of the German Federal Railway
FR Office central du Chemin de fer fédéral allemand
ES Oficina Central de los Ferrocarriles Federales Alemanes

DE Bundesbahndirektion
< BMV
EN Federal Railway's Directorate
FR Direction régionale du Chemin de fer fédéral allemand
ES Dirección Regional de los Ferrocarriles Federales Alemanes

DE Bundesbank → Deutsche Bundesbank

DE Bundesbaudirektion BBD
< BMBau
(Bundesoberbehörde)
EN Federal Building Office
FR Office fédéral des constructions
ES Dirección Federal de Construcciones

DE Bundesbeauftragter für Asylangelegenheiten beim Bundesamt für die Anerkennung ausländischer Flüchtlinge < BMI

EN Federal Commissioner for Asylum Affairs at the Federal Office for the Recognition of Foreign Refugees
FR Délégué fédéral chargé des questions d'asile auprès de l'Office fédéral de reconnaissance des réfugiés étrangers
ES Delegado Federal para Cuestiones de Asilo ante la Oficina Federal de Reconocimiento de Refugiados Extranjeros

DE Bundesbeauftragter für den Datenschutz BfD < BMI

EN Federal Commissioner for Data Privacy
FR Délégué fédéral pour la protection des données
ES Delegado Federal para la Protección de Datos

DE Bundesbeauftragter für den Zivildienst < BMJFFG

EN Federal Commissioner for Civilian Service
FR Délégué fédéral pour le service civil
ES Delegado Federal de Servicio Civil

DE Bundesbeauftragter für die Behandlung von Zahlungen an die Konversionskasse < BMF

(Die Behörde verwendet auch im fremdsprachigen Schriftverkehr nur die deutsche Bezeichnung.)

DE Bundesbeauftragter für Wirtschaftlichkeit in der Verwaltung BWV
(s.a. → Präsident des Bundesrechnungshofes und Bundesbeauftragter für Wirtschaftlichkeit in der Verwaltung)
EN Federal Commissioner for Efficiency in Public Administration
FR Commissaire fédéral à l'économie dans l'administration
ES Delegado Federal en Materia de Eficiencia Administrativa

DE Bundesdisziplinaranwalt BDiA < BMI

EN Federal Disciplinary Prosecutor
FR Procureur disciplinaire fédéral
ES Fiscal Disciplinario Federal

DE Bundesdisziplinargericht — BDiszG
< BMJ

EN Federal Disciplinary Court
FR Cour disciplinaire fédérale
ES Tribunal Disciplinario Federal

DE Bundesdruckerei — BDr
< BMPT

EN Federal Printing Office
FR Imprimerie fédérale
ES Imprenta Federal

DE Bundesfinanzakademie
< BMF

EN Federal Academy of Finance
FR Académie fédérale des finances
ES Academia Federal de Finanzas

DE Bundesfinanzhof — BFH
< BMJ

EN Federal Finance Court
FR Cour fédérale des finances
ES Corte Federal de Hacienda
IT Corte Federale delle Finanze
HS Savezni finansijski sud

DE Bundesforschungsanstalt für Ernährung
< BML

EN Federal Research Centre for Nutrition
FR Centre fédéral de recherches pour l'alimentation et la nutrition
ES Centro Federal de Investigaciones para la Nutrición

DE Bundesforschungsanstalt für Fischerei
< BML

EN Federal Research Centre for Fisheries
FR Centre fédéral de recherche des pêches
ES Centro Federal de Investigación Pesquera

DE Bundesforschungsanstalt für Forst- und Holzwirtschaft BFH
< BML

EN Federal Research Centre for Forestry and Forest Products
FR Centre fédéral de recherches des forêts et du bois
ES Centro Federal de Investigaciones de Montes y Productos Forestales
RU Федеральное научно-исследовательское учреждение лесного хозяйства

DE Bundesforschungsanstalt für gartenbauliche Pflanzenzüchtung
< BML

EN Federal Research Centre for Horticultural Plant Breeding
FR Centre fédéral de recherches d'amélioration horticole
ES Centro Federal de Investigaciones Hortícolas

DE Bundesforschungsanstalt für Getreide- und Kartoffelverarbeitung BFAGK
< BML

EN Federal Research Centre for Cereal and Potato Processing
FR Centre fédéral de recherche pour la transformation des céréales et de la pomme de terre
ES Centro Federal de Investigación para la Transformación de Cereales y de la Patata

DE Bundesforschungsanstalt für Landeskunde und Raumordnung BfLR
< BMBau

EN Federal Research Institute for Regional Geography and Regional Planning
FR Centre fédéral de recherche pour la géographie régionale et l'aménagement du territoire
ES Centro Federal de Investigación de Geografía y Ordenación Territoriales

DE Bundesforschungsanstalt für Landwirtschaft FAL
< BML

EN Federal Agricultural Research Centre
FR Centre fédéral de la recherche agronomique
ES Centro Federal de Investigación para Agricultura

DE Bundesforschungsanstalt für Naturschutz und Landschaftsökologie BFANL
< BMU

EN Federal Research Centre for Nature Conservation and Landscape Ecology
FR Centre fédéral pour la conservation de la nature et de la géoécologie
ES Centro Federal para la Conservación de la Naturaleza y Geoecología

DE Bundesforschungsanstalt für Rebenzüchtung Geilweilerhof — BFAR
< BML

EN Federal Research Centre for Vine Breeding Geilweilerhof
FR Centre fédéral de recherches pour l'amélioration de la vigne Geilweilerhof
ES Centro Federal para la Investigación en Mejora de la Vid Geilweilerhof

DE Bundesforschungsanstalt für Viruskrankheiten der Tiere — BFAVT
< BML

EN Federal Research Centre for Virus Diseases of Animals
FR Centre fédéral de recherches sur les maladies virales des animaux
ES Centro Federal de Investigación de Veterinaria Viral

DE Bundesgerichtshof — BGH
< BMJ

EN Federal Court of Justice
FR Cour fédérale de justice
ES Corte Federal de Justicia
IT Corte Federale di Giustizia
HS Savezni vrhovni sud

DE Bundesgesundheitsamt — BGA
< BMJFFG

(Bundesoberbehörde)
EN Federal Health Office
FR Office fédéral de la santé
ES Oficina Federal de la Salud
IT Ufficio Federale della Sanità

DE Bundesgrenzschutz — BGS
< BMI

EN Federal Border Guard
FR Corps fédéral de protection des frontières
ES Cuerpo Federal de Protección de las Fronteras
IT Guardia Federale di Frontiera

DE Bundeshauptkasse — BHK
< BMF

(Zentralkasse des Bundes)
EN Main Federal Cash Office
FR Recette fédérale principale
ES Caja Central Federal

DE Bundesinstitut für Berufsbildung — BIBB
< BMBW

EN Federal Institute for Vocational Training
FR Institut fédéral de formation professionnelle
ES Instituto Federal de Formación Profesional

DE Bundesinstitut für Bevölkerungsforschung — BIB
< BMI

EN Federal Institute for Population Research
FR Institut fédéral de recherches démographiques
ES Instituto Federal de Investigación Demográfica

DE Bundesinstitut für chemisch-technische Untersuchungen
< BMVg

EN Federal Institute for Chemical and Technical Tests
FR Institut fédéral d'études chimiques et techniques
ES Instituto Federal de Investigaciones Químico-técnicas
RU Федеральный институт химико-технологических исследований

DE Bundesinstitut für ostwissenschaftliche und internationale Studien — BIOst
< BMI

EN Federal Institute for East European and International Studies
FR Institut fédéral de recherches scientifiques sur les pays de l'Est et d'études internationales
ES Instituto Federal de Estudios Esteeuropeos e Internacionales
RU Федеральный институт по исследованию стран Восточной Европы и международных проблем

DE Bundesinstitut für Sportwissenschaft — BISp
< BMI

EN Federal Institute of Sport Science
FR Institut fédéral de la science du sport
ES Instituto Federal de la Ciencia del Deporte

DE Bundesjugendring → Deutscher Bundesjugendring

DE Bundeskanzler — BK
(Zusatz im internationalen Schriftverkehr: der Bundesrepublik Deutschland)
EN Chancellor of the Federal Republic of Germany
EN Federal Chancellor
FR Chancelier de la République fédérale d'Allemagne
FR Chancelier fédéral
ES Canciller de la República Federal de Alemania
ES Canciller Federal
NL Kanselier van de Bondsrepubliek Duitsland
NL Bondskanselier
IT Cancelliere della Repubblica Federale di Germania
IT Cancelliere Federale
RU Федеральный канцлер Федеративной Республики Германия
RU Федеральный канцлер
PT Chanceler da República Federal da Alemanha
PT Chanceler Federal
PL Kanclerz Republiki Federalnej Niemiec
PL Kanclerz Federalny
HS kancelar Savezne Republike Nemačke
HS savezni kancelar

DE Bundeskanzleramt — BK
EN Federal Chancellery
FR Chancellerie fédérale
ES Cancillería Federal
NL Bondskanselarij
IT Cancelleria Federale
RU Ведомство Федерального канцлера
PT Chancelaria Federal
PL Urząd Kanclerski
HS Ured saveznog kancelara

DE Bundeskartellamt — BKartA < BMWi
(Bundesoberbehörde)
EN Federal Cartel Office
FR Office fédéral des ententes
ES Oficina Federal de los Cárteles
IT Ufficio Federale dei Cartelli
RU Федеральное ведомство государственного надзора за деятельностью картелей

DE Bundesknappschaft BKn
< BMA
(untersteht der Aufsicht des Bundesversicherungsamts)
EN Federal Miners' Insurance Institution
FR Caisse fédérale d'assurance des mineurs
ES Seguro Minero Federal

DE Bundeskriminalamt BKA
< BMI
(zentrale Bundesbehörde)
EN Federal Criminal Police Office
FR Office fédéral de police criminelle
ES Oficina Federal de lo Criminal
IT Ufficio Criminale Federale

DE Bundeslotsenkammer
EN Federal Chamber of Pilots
FR Chambre fédérale des pilotes
ES Cámara Federal de Prácticos

DE Bundesminister der Finanzen BMF
(Oberste Bundesbehörde)
EN Federal Minister of Finance
FR Ministre fédéral des Finances
ES Ministro Federal de Hacienda
NL Bondsminister van Financiën
IT Ministro Federale delle Finanze
RU Федеральный министр финансов
PT Ministro Federal das Finanças (Portugal)
PT Ministro Federal da Fazenda (Brasilien)
PL Federalny Minister Finansów
HS savezni ministar finansija

DE Bundesminister der Justiz BMJ
(Oberste Bundesbehörde)
EN Federal Minister of Justice
FR Ministre fédéral de la Justice
ES Ministro Federal de Justicia
NL Bondsminister van Justitie
IT Ministro Federale della Giustizia
RU Федеральный министр юстиции
PT Ministro Federal da Justiça
PL Federalny Minister Sprawiedliwości
HS savezni ministar pravosuđa

DE Bundesminister der Verteidigung BMVg
(Oberste Bundesbehörde)
EN Federal Minister of Defence
FR Ministre fédéral de la Défense
ES Ministro Federal de Defensa
NL Bondsminister van Defensie
IT Ministro Federale della Difesa
RU Федеральный министр обороны
PT Ministro Federal da Defesa
PL Federalny Minister Obrony
HS savezni ministar odbrane

DE Bundesminister des Auswärtigen → Stellvertreter des Bundeskanzlers und Bundesminister des Auswärtigen

DE Bundesminister des Innern BMI
(Oberste Bundesbehörde)
EN Federal Minister of the Interior
FR Ministre fédéral de l'Intérieur
ES Ministro Federal del Interior
NL Bondsminister van Binnenlandse Zaken
IT Ministro Federale dell'Interno
RU Федеральный министр внутренних дел
PT Ministro Federal do Interior
PL Federalny Minister Spraw Wewnętrznych
HS savezni ministar unutrašnjih poslova

DE Bundesminister für Arbeit und Sozialordnung BMA
(Oberste Bundesbehörde)
EN Federal Minister of Labour and Social Affairs
FR Ministre fédéral du Travail et des Affaires sociales
ES Ministro Federal de Trabajo y Asuntos Sociales
NL Bondsminister van Arbeid en Sociale Zaken
IT Ministro Federale del Lavoro e dell'Ordinamento Sociale
RU Федеральный министр труда и социальных дел
PT Ministro Federal do Trabalho e dos Assuntos Sociais
PL Federalny Minister Pracy i Spraw Socjalnych
HS savezni ministar za rad i socijalne poslove

DE Bundesminister für besondere Aufgaben und Chef des Bundeskanzleramtes
EN Federal Minister for Special Tasks and Head of the Federal Chancellery
FR Ministre fédéral chargé de missions spéciales et Chef de la Chancellerie fédérale
ES Ministro Federal encargado de Misiones Especiales y Jefe de la Cancillería Federal
NL Bondsminister voor Bijzondere Aangelegenheden en Chef van de Bondskanselarij
IT Ministro Federale per Missioni Speciali e Capo della Cancelleria Federale
RU Федеральный министр по особым поручениям, Начальник Ведомства Федерального канцлера
PT Ministro Federal de Assuntos Especiais e Chefe da Chancelaria Federal
PL Federalny Minister do Specjalnych Poruczeń i Szef Urzędu Kanclerskiego
HS savezni ministar za specijalne zadatke i šef Ureda saveznog kancelara

DE Bundesminister für Bildung und Wissenschaft (Oberste Bundesbehörde) BMBW
EN Federal Minister of Education and Science
FR Ministre fédéral de l'Education et des Sciences
ES Ministro Federal de Educación y Ciencia
NL Bondsminister van Opvoeding en Wetenschappen
IT Ministro Federale dell'Educazione e degli Affari Scientifici
RU Федеральный министр образования и науки
PT Ministro Federal do Planeamento Educativo e da Ciência (Portugal)
PT Ministro Federal do Planejamento Educacional e da Ciência (Brasilien)
PL Federalny Minister Oświaty i Nauki
HS savezni ministar za obrazovanje i nauku

DE Bundesminister für Post und Telekommunikation (Oberste Bundesbehörde) BMPT
EN Federal Minister of Posts and Telecommunications
FR Ministre fédéral des Postes et Télécommunications
ES Ministro Federal de Correos y Telecomunicaciones
NL Bondsminister van Posterijen en Telecommunicaties
IT Ministro Federale delle Poste e Telecomunicazioni
RU Федеральный министр почты и телекоммуникации
PT Ministro Federal dos Correios e Telecomunicações
PL Federalny Minister Poczty i Telekomunikacji
HS savezni ministar za poštu i veze

DE Bundesminister für Ernährung, Landwirtschaft und Forsten (Oberste Bundesbehörde) BML
EN Federal Minister of Food, Agriculture and Forestry
FR Ministre fédéral de l'Alimentation, de l'Agriculture et des Forêts
ES Ministro Federal de Alimentación, Agricultura y Bosques
NL Bondsminister van Voedselvoorziening, Land- en Bosbouw
IT Ministro Federale dell'Alimentazione, dell'Agricoltura e delle Foreste
RU Федеральный министр продовольствия, сельского и лесного хозяйства
PT Ministro Federal da Alimentação, Agricultura e Silvicultura
PL Federalny Minister ds. Wyżywienia, Rolnictwa i Leśnictwa
HS savezni ministar za ishranu, poljoprivredu i šumarstvo

DE Bundesminister für Forschung und Technologie (Oberste Bundesbehörde) BMFT
EN Federal Minister for Research and Technology
FR Ministre fédéral de la Recherche et de la Technologie
ES Ministro Federal de Investigación y Tecnología
NL Bondsminister van Onderzoek en Technologie
IT Ministro Federale della Ricerca e della Tecnologia
RU Федеральный министр научных исследований и технологии
PT Ministro Federal da Investigação e Tecnologia (Portugal)
PT Ministro Federal da Pesquisa e Tecnologia (Brasilien)
PL Federalny Minister ds. Badań Naukowych i Technologii
HS savezni ministar za istraživanja i tehnologiju

DE Bundesminister für innerdeutsche Beziehungen (Oberste Bundesbehörde) BMB
EN Federal Minister for Intra-German Relations
FR Ministre fédéral des Relations intra-allemandes
ES Ministro Federal de Relaciones Intra-alemanas
NL Bondsminister van Interne Duitse Betrekkingen
IT Ministro Federale delle Relazioni Intratedesche
RU Федеральный министр внутригерманских отношений
PT Ministro Federal das Relações Intra-Alemãs
PL Federalny Minister ds. Stosunków Wewnątrzniemieckich
HS savezni ministar za unutarnemačke odnose

DE Bundesminister für Jugend, Familie, Frauen und Gesundheit (Oberste Bundesbehörde) BMJFFG
EN Federal Minister for Youth, Family Affairs, Women and Health
FR Ministre fédéral de la Jeunesse, de la Famille, de la Femme et de la Santé
ES Ministro Federal de la Juventud, Familia, Mujer y Sanidad
NL Bondsminister voor Jeugd- en Gezinszaken, Emancipatie en Volksgezondheid
IT Ministro Federale della Gioventù, della Famiglia, della Donna e della Sanità
RU Федеральный министр по делам молодежи, семьи, женщин и здравоохранения
PT Ministro Federal da Juventude, da Família, da Condição Feminina e da Saúde (Portugal)
PT Ministro Federal da Juventude, da Família, das Mulheres e da Saúde (Brasilien)
PL Federalny Minister ds. Młodzieży, Rodziny, Kobiet i Zdrowia
HS savezni ministar za omladinu, porodicu, žene i zdravstvo

DE Bundesminister für Raumordnung, Bauwesen und Städtebau (Oberste Bundesbehörde) BMBau
EN Federal Minister for Regional Planning, Building and Urban Development
FR Ministre fédéral de l'Aménagement du territoire, de la Construction et de l'Urbanisme
ES Ministro Federal de Ordenación del Territorio, Construcción y Urbanismo
NL Bondsminister van Ruimtelijke Ordening, Bouwwezen en Stedebouw
IT Ministro Federale dell'Assetto Territoriale, dell'Edilizia e dell'Urbanistica
RU Федеральный министр регионального планирования, строительства и градостроительства
PT Ministro Federal do Ordenamento do Território, da Construção e do Urbanismo (Portugal)
PT Ministro Federal do Planejamento Regional, da Construção e do Urbanismo (Brasilien)
PL Federalny Minister ds. Zagospodarowania Przestrzennego, Budownictwa i Urbanistyki
HS savezni ministar za regionalno planiranje, građevinarstvo i urbanizam

DE Bundesminister für Umwelt, Naturschutz und Reaktorsicherheit (Oberste Bundesbehörde) BMU
EN Federal Minister for the Environment, Nature Conservation and Nuclear Safety
FR Ministre fédéral de l'Environnement, de la Protection de la Nature et de la Sûreté nucléaire
ES Ministro Federal del Medio Ambiente, Protección de la Naturaleza y Seguridad Nuclear
NL Bondsminister voor Milieuzaken, Natuurbescherming en Veiligheid van Nucleaire Installaties
IT Ministro Federale dell'Ambiente, della Tutela della Natura e della Sicurezza Nucleare
RU Федеральный министр по вопросам окружающей среды, охраны природы и безопасности ядерных реакторов
PT Ministro Federal do Meio Ambiente, da Protecção da Natureza e da Segurança Nuclear (Portugal)
PT Ministro Federal do Meio Ambiente, da Proteção da Natureza e da Segurança Nuclear (Brasilien)
PL Federalny Minister ds. Środowiska, Ochrony Przyrody i Bezpieczeństwa Nuklearnego
HS savezni ministar za čovekovu okolinu, zaštitu prirode i bezbednost nuklearnih reaktora

DE Bundesminister für Verkehr (Oberste Bundesbehörde) BMV
EN Federal Minister of Transport
FR Ministre fédéral des Transports
ES Ministro Federal de Transportes
NL Bondsminister van Verkeer
IT Ministro Federale dei Trasporti
RU Федеральный министр транспорта
PT Ministro Federal dos Transportes
PL Federalny Minister Komunikacji
HS savezni ministar saobraćaja

DE Bundesminister für Wirtschaft (Oberste Bundesbehörde) BMWi
EN Federal Minister of Economics
FR Ministre fédéral de l'Economie
ES Ministro Federal de Economía
NL Bondsminister van Economische Zaken
IT Ministro Federale dell'Economia
RU Федеральный министр экономики
PT Ministro Federal da Economia
PL Federalny Minister Gospodarki
HS savezni ministar privrede

DE Bundesminister für wirtschaftliche Zusammenarbeit (Oberste Bundesbehörde) BMZ
EN Federal Minister for Economic Co-operation
FR Ministre fédéral de la Coopération économique
ES Ministro Federal de Cooperación Económica
NL Bondsminister van Economische Samenwerking
IT Ministro Federale della Cooperazione Economica
RU Федеральный министр экономического сотрудничества
PT Ministro Federal da Cooperação Económica (Portugal)
PT Ministro Federal da Cooperação Econômica (Brasilien)
PL Federalny Minister ds. Współpracy Gospodarczej
HS savezni ministar za privrednu saradnju

DE Bundesministerium (für die Bezeichnungen der einzelnen Bundesministerien vgl. → Bundesminister ...)
EN Federal Ministry
FR Ministère fédéral
ES Ministerio Federal
NL Bondsministerie
IT Ministero Federale
RU Федеральное министерство
PT Ministério Federal
PL Federalne Ministerstwo
HS Savezno ministarstvo

DE Bundesmonopolverwaltung für Branntwein (Bundesoberbehörde) BMonV < BMF
EN Federal Spirits Monopoly Administration
FR Administration fédérale du monopole de l'alcool
ES Administración Federal de Control e Imposición sobre Bebidas Alcohólicas Destiladas

DE Bundesnachrichtendienst BND < BK
EN Federal Intelligence Service
FR Service fédéral de renseignements
ES Servicio Federal de Inteligencia

DE Bundesoberseeamt BOSeeA
< BMV
(Bundesoberbehörde)
EN Higher Federal Maritime Board of Inquiry
FR Conseil fédéral supérieur des enquêtes maritimes
ES Consejo Federal Superior de Pesquisas Marítimas

DE Bundespatentgericht BPatG
< BMJ
EN Federal Patent Court
FR Cour fédérale des brevets
ES Corte Federal de Patentes
IT Corte Federale dei Brevetti
HS Savezni sud za patente

DE Bundespost → Deutsche Bundespost

DE Bundespräsident BPr
(Zusatz im internationalen Schriftverkehr: der Bundesrepublik Deutschland)
EN President of the Federal Republic of Germany
EN Federal President
FR Président de la République fédérale d'Allemagne
FR Président fédéral
ES Presidente de la República Federal de Alemania
ES Presidente Federal
NL President van de Bondsrepubliek Duitsland
NL Bondspresident
IT Presidente della Repubblica Federale di Germania
IT Presidente Federale
RU Президент Федеративной Республики Германия
RU Федеральный президент
PT Presidente da República Federal da Alemanha
PT Presidente Federal
PL Prezydent Republiki Federalnej Niemiec
PL Prezydent Federalny
HS Predsednik Savezne Republike Nemačke

DE Bundespräsidialamt BPrA
EN Office of the Federal President
FR Présidence fédérale
ES Presidencia Federal
NL Kabinet van de Bondspresident
IT Presidenza Federale
RU Ведомство Федерального президента
PT Presidência Federal
PL Urząd Prezydenta Federalnego
HS Ured Predsednika Savezne Republike Nemačke

DE Bundespresseamt → Presse- und Informationsamt der Bundesregierung

DE Bundesprüfstelle für jugendgefährdende Schriften BPS
< BMJFFG
EN Federal Review Board for Publications Harmful to Young Persons
FR Centre fédéral de contrôle des publications dangereuses pour la jeunesse
ES Centro Federal de Control de Publicaciones Peligrosas para la Juventud
RU Федеральное ведомство по контролю за литературой, вредной для молодежи

DE Bundesrat BR
(bleibt in fremdsprachigen Texten unübersetzt)

DE Bundesrechnungshof BRH
(Oberste Bundesbehörde und selbständige Einrichtung neben den Bundesministerien; siehe auch → Präsident des Bundesrechnungshofes)
EN Federal Court of Audit
FR Cour fédérale des comptes
ES Tribunal Federal de Cuentas
IT Corte Federale dei Conti
PT Tribunal Federal de Contas

DE Bundesschuldenverwaltung BSV
< BMF
(zentrale Bundesbehörde)
EN Federal Debt Administration
FR Administration de la dette publique fédérale
ES Administración Federal de la Deuda
IT Amministrazione del Debito Federale

DE Bundessicherheitsrat BSR
EN Federal Security Council
FR Conseil fédéral de sécurité
ES Consejo Federal de Seguridad
IT Consiglio Federale di Sicurezza

DE Bundessortenamt BSA
< BML
(unmittelbar nachgeordnete Bundesbehörde)
EN Federal Office of Plant Varieties
FR Office fédéral des variétés
ES Oficina Federal de Variedades

DE Bundessozialgericht BSG
< BMA
EN Federal Social Court
FR Cour fédérale du contentieux social
ES Corte Federal de Asuntos de Seguridad Social
IT Corte Sociale Federale
HS Savezni socijalni sud

DE Bundessprachenamt BSprA
< BMVg
EN Federal Office of Languages FOL
FR Office fédéral des langues OFL
ES Oficina Federal de Lenguas
IT Ufficio Federale delle Lingue

DE Bundesstelle für Außenhandelsinformation BfAI
< BMWi
EN Federal Office of Foreign Trade Information
FR Office fédéral d'information pour le commerce extérieur
ES Oficina Federal de Información para el Comercio Exterior
IT Ufficio Federale d'Informazione per il Commercio con l'Estero
RU Федеральное бюро по внешнеторговой информации

DE Bundesstelle für Büroorganisation und Bürotechnik → Bundesverwaltungsamt - Bundesstelle für Büroorganisation und Bürotechnik

DE Bundessteuerberaterkammer, Körperschaft des öffentlichen Rechts BStBK
< BMF

(Die Bundessteuerberaterkammer verwendet auch im fremdsprachigen Schriftverkehr nur die deutsche Bezeichnung.)

DE Bundestag → Deutscher Bundestag

DE Bundestagspräsident → Präsident des Deutschen Bundestages

DE Bundesverband der Arbeiterwohlfahrt → Arbeiterwohlfahrt Bundesverband e.V.

DE Bundesverband der Betriebskrankenkassen
< BMA

EN Federal Association of Company Sickness Funds
FR Fédération des caisses de maladie des entreprises
ES Federación de las Cajas de Enfermedad de las Empresas

DE Bundesverband der Deutschen Industrie e.V. BDI
EN Federation of German Industries
FR Fédération des industries allemandes
ES Federación de Industrias Alemanas
IT Confederazione Federale dell'Industria Tedesca
RU Федеральный союз германской/немецкой промышленности ФСГП
ФСНП

DE Bundesverband der Innungskrankenkassen BDI
< BMA

EN Federal Association of Guild Sickness Funds
FR Fédération des caisses de maladie des corps de métier
ES Federación de las Cajas de Enfermedad de los Gremios (y Corporaciones)

DE Bundesverband der Ortskrankenkassen AOK-BV
< BMA

(bundesunmittelbare Körperschaft)
EN Federal Association of Local Sickness Funds
FR Fédération des caisses locales de maladie
ES Federación de las Cajas Locales de Enfermedad

DE Bundesverband des Deutschen Groß- und Außenhandels e.V. BGA
EN Federation of German Wholesale and Foreign Trade
FR Fédération allemande du commerce en gros et extérieur
ES Federación de Exportadores, Importadores y Mayoristas Alemanes
IT Confederazione Federale Tedesca del Commercio all'Ingrosso e del Commercio con l'Estero

DE Bundesverband für den Selbstschutz BVS
< BMI
EN Federal Association for Self-Protection
FR Association fédérale de l'autoprotection
ES Unión Federal de Autoprotección Civil
IT Associazione Federale per l'Autoprotezione

DE Bundesvereinigung der Deutschen Arbeitgeberverbände
(Arbeitsgemeinschaft der sozialpolitischen Organisationen der Arbeitgeber in der Bundesrepublik Deutschland zur Wahrung ihrer gemeinschaftlichen sozialpolitischen Belange)
EN Confederation of German Employers' Associations
FR Confédération des associations patronales
ES Confederación de las Asociaciones Patronales Alemanas
IT Confederazione Federale delle Unioni Tedesche dei Datori di Lavoro
RU Федеральное объединение союзов немецких работодателей ФОСНР

DE Bundesvereinigung der Kommunalen Spitzenverbände
(Mitglieder: → Deutscher Städtetag, → Deutscher Landkreistag, → Deutscher Städte- und Gemeindebund; Federführung: Deutscher Städtetag, Köln)
EN Federation of German Local Authority Associations
FR Union fédérale des associations communales
ES Unión Federal de las Asociaciones Municipales
IT Unione Federale delle Associazioni Comunali

DE Bundesvereinigung für Gesundheitserziehung e.V. BfGE
EN Federal Committee for Health Education
FR Comité fédéral d'éducation sanitaire
ES Comité Federal de Educación Sanitaria

DE Bundesverfassungsgericht BVerfG
EN Federal Constitutional Court
FR Cour constitutionnelle fédérale
ES Corte Constitucional Federal
IT Corte Costituzionale Federale
HS Savezni ustavni sud

DE Bundesversicherungsamt BVA
< BMA
(Bundesoberbehörde)
EN Federal Insurance Office
FR Institut fédéral des assurances
ES Oficina Federal de Seguros

DE Bundesversicherungsanstalt für Angestellte BfA
(bundesunmittelbare Körperschaft; untersteht der Aufsicht des Bundesversicherungsamts)
EN Federal Insurance Institute for Salaried Employees
FR Institut fédéral d'assurance des employés
ES Instituto Federal de Seguro de Empleados

DE Bundesverwaltungsamt BVA
< BMI
(Bundesoberbehörde)
EN Federal Office of Administration
FR Office fédéral d'administration
ES Oficina Federal de Administración
IT Ufficio Federale di Amministrazione

DE Bundesverwaltungsamt - Bundesstelle für Büroorganisation und Bürotechnik - BVA-BBB-
< BMI
EN Federal Office of Administration - Office Management and Equipment Centre
FR Office fédéral d'administration - Service fédéral de l'organisation et de l'aménagement technique des bureaux
ES Oficina Federal de Administración - Servicio Federal de Organización y Técnica de Oficina

DE Bundesverwaltungsamt - Zentralstelle für das Auslandsschulwesen
EN Federal Office of Administration - Central Agency for Schools Abroad
FR Office fédéral d'administration - Service central pour les enseignements primaire et secondaire à l'étranger
ES Oficina Federal de Administración - Central de los Colegios en el Extranjero

DE Bundesverwaltungsgericht BVerwG
< BMJ
EN Federal Administrative Court
FR Cour administrative fédérale
ES Corte Federal Contencioso-administrativa
IT Corte Amministrativa Federale
HS Savezni upravni sud

DE Bundeswehrdisziplinaranwalt beim Bundesverwaltungsgericht BWDA
< BMVg
EN Disciplinary Attorney General for the Armed Forces at the Federal Administrative Court
FR Procureur disciplinaire général aux forces armées près la Cour administrative fédérale
ES Fiscal Disciplinario de las Fuerzas Armadas ante la Corte Federal Contencioso-administrativa

DE Bundeswehrverwaltungsamt BWVA
< BMVg
EN Federal Office of Defence Administration
FR Direction fédérale d'administration de la défense
ES Oficina Federal de Administración de las Fuerzas Armadas

DE Bundeswehrverwaltungsschule
< BMVg
EN Federal School of Defence Administration
FR Ecole fédérale d'administration de la défense
ES Escuela Federal de Administración de las Fuerzas Armadas

DE Bundeszentrale für gesundheitliche Aufklärung BzgA
< BMJFFG
EN Federal Centre for Health Education
FR Centre fédéral d'éducation pour la santé
ES Centro Federal de Educación Sanitaria

DE Bundeszentrale für politische Bildung — BpB
< BMI
EN Federal Centre for Political Education
FR Centre fédéral pour l'éducation politique
ES Centro Federal de Educación Política

DE Bundeszentralregister — BZR
< BMJ
EN Federal Central Criminal Register
FR Casier judiciaire central fédéral
ES Registro Central Federal de Antecedentes Penales
IT Registro Giudiziario Centrale Federale

DE Caritasverband → Deutscher Caritasverband e.V.

DE Carl Duisberg Gesellschaft e.V. — CDG
EN Carl Duisberg Society Inc.
FR Société Carl Duisberg
ES Socicdad Carl Duisberg

DE Chef des Bundeskanzleramtes → Bundesminister für besondere Aufgaben und Chef des Bundeskanzleramtes

DE Chef des Bundespräsidialamtes — ChBPrA
EN Head of the Office of the Federal President
FR Chef de la Présidence fédérale
ES Jefe de la Presidencia Federal
IT Capo della Presidenza Federale

DE Chef des Presse- und Informationsamtes der Bundesregierung
EN Head of the Press and Information Office of the Federal Government
FR Chef de l'Office de presse et d'information du Gouvernement fédéral
ES Jefe del Departamento de Prensa e Información del Gobierno Federal
IT Capo dell'Ufficio Stampa e Informazioni del Governo Federale

DE Christlich Demokratische Union Deutschlands — CDU
EN Christian Democratic Union of Germany
FR Union chrétienne-démocrate d'Allemagne
ES Unión Cristiano-demócrata de Alemania
IT Unione Cristiano-Democratica di Germania

DE Christlich Soziale Union — CSU
EN Christian Social Union
FR Union chrétienne-sociale
ES Unión Cristiano-social
IT Unione Cristiano-Sociale

DE DEG - Deutsche Finanzierungsgesellschaft für Beteiligungen in Entwicklungsländern GmbH — DEG
(frühere Bezeichnung: → Deutsche Gesellschaft für wirtschaftliche Zusammenarbeit (Entwicklungsgesellschaft) mbH)
EN German Finance Company for Investments in Developing Countries
FR Société allemande de financement d'investissements dans les pays en développement
ES Sociedad Alemana de Financiación de Inversiones en los Países en Desarrollo
RU Немецкое общество по финансированию капиталовложений в развивающихся странах

DE Deutsch-französische Gesellschaft (Berlin / in Frankfurt am Main / Schleswig-Holstein) e.V.
EN Franco-German Association
FR Association franco-allemande
ES Asociación Germano-Francesa

DE Deutsch-französische Gesellschaft für Wissenschaft und Technologie — DFGWT
EN Franco-German Society for Science and Technology
FR Association franco-allemande pour la science et la technologie — AFAST
ES Asociación Germano-Francesa para la Ciencia y la Tecnología

DE Deutsch-Französisches Institut — DFI
EN Franco-German Institute
FR Institut franco-allemand
ES Instituto Germano-Francés

DE Deutsch-Französisches Jugendwerk — DFJW
EN Franco-German Youth Office
FR Office franco-allemand pour la jeunesse — OFAJ
ES Obra Germano-Francesa de Juventud
RU Германо-французская молодежная служба

DE Deutsche Aids-Stiftung "Positiv leben"
EN German Aids Foundation
FR Fondation allemande de lutte contre le SIDA
ES Fundación Alemana de Lucha contra el SIDA

DE Deutsche Ausgleichsbank
< BMI/BMF

(Anstalt des öffentlichen Rechts mit eigener Rechtspersönlichkeit; frühere Bezeichnung: Lastenausgleichsbank (Bank für Vertriebene und Geschädigte))

EN German Equalization Bank
FR Banque allemande de péréquation
ES Banco Alemán de Compensación
IT Banca Tedesca di Perequazione

DE Deutsche Bibliothek
< BMI

(bundesunmittelbare Anstalt des öffentlichen Rechts; die Deutsche Bibliothek verwendet auch im fremdsprachigen Schriftverkehr nur ihre deutsche Bezeichnung.)

DE Deutsche Bibliothek - Abteilung Deutsches Musikarchiv
< BMI

EN German Music Archive
FR Archives allemandes de la musique
ES Archivo Alemán de la Música

DE Deutsche Bischofskonferenz DBK
EN German Bishops' Conference
FR Conférence épiscopale allemande
ES Conferencia Episcopal Alemana
IT Conferenza Episcopale Tedesca
RU Германская Епископская Конференция ГЕК

DE Deutsche Bundesbahn DB
< BMV

EN German Federal Railway
FR Chemin de fer fédéral allemand
ES Ferrocarriles Federales Alemanes
IT Ferrovie Federali Tedesche
RU Немецкая федеральная железная дорога ДБ

DE Deutsche Bundesbank
(bundesunmittelbare juristische Person des öffentlichen Rechts)
EN German Federal Bank
FR Banque fédérale allemande
ES Banco Federal Alemán
IT Banca Federale Tedesca
RU Немецкий федеральный банк

DE Deutsche Bundespost — DBP
< BMPT
EN Deutsche Bundespost
EN German PTT Administration
EN German Administration of Posts and Telecommunications
FR Deutsche Bundespost
FR Administration des postes et télécommunications de la République fédérale d'Allemagne
ES Deutsche Bundespost
ES Administración de Correos y Telecomunicaciones de la República Federal de Alemania
RU Немецкая федеральная почта

DE Deutsche Finanzierungsgesellschaft für Beteiligungen in Entwicklungsländern → DEG - Deutsche Finanzierungsgesellschaft für Beteiligungen in Entwicklungsländern GmbH

DE Deutsche Förderungsgesellschaft für Entwicklungsländer GmbH — GAWI
EN German Corporation for Technical Assistance to Developing Countries
FR Société allemande pour l'aide technique aux pays en voie de développement
ES Sociedad Alemana para la Ayuda Técnica a Países en Vías de Desarrollo

DE Deutsche Forschungs- und Versuchsanstalt für Luft- und Raumfahrt e.V. — DFVLR
EN German Aerospace Research Establishment
FR Agence allemande d'études et de recherches aéronautiques et spatiales
ES Instituto Alemán de Investigaciones y Experiencias Aerospaciales
RU Германский научно-исследовательский и испытательный центр по авиации и космонавтике

DE Deutsche Forschungsgemeinschaft — DFG
EN German Research Foundation
FR Fonds allemand scientifique
ES Consejo Alemán de Investigaciones
RU Немецкое научно-исследовательское общество — ННИО

DE Deutsche Genossenschaftsbank DGBank
< BMF
(Anstalt des öffentlichen Rechts)
EN Central Bank of the German Co-operatives
FR Banque centrale des coopératives allemandes
ES Banco Central de las Cooperativas Alemanas

DE Deutsche Gesellschaft für auswärtige Politik e.V.
EN German Society for Foreign Affairs
FR Société allemande de politique étrangère
ES Sociedad Alemana de Politica Exterior
RU Немецкое общество внешней политики

DE Deutsche Gesellschaft für die Vereinten Nationen e.V. DGVN
EN German United Nations Association
FR Association allemande pour les Nations Unies
ES Asociación Alemana para las Naciones Unidas
RU Немецкое общество содействия ООН

DE Deutsche Gesellschaft für Technische Zusammenarbeit GmbH GTZ
(Die GTZ verwendet auch im fremdsprachigen Schriftverkehr nur ihre deutsche Bezeichnung.)

DE Deutsche Gesellschaft für wirtschaftliche Zusammenarbeit (Entwicklungsgesellschaft) mbH
(1983 umbenannt in → DEG - Deutsche Finanzierungsgesellschaft für Beteiligungen in Entwicklungsländern GmbH)

DE Deutsche Girozentrale - Deutsche Kommunalbank -
< BMF
(Die Deutsche Girozentrale verwendet auch im fremdsprachigen Schriftverkehr nur ihre deutsche Bezeichnung.)

DE Deutsche Hauptstelle gegen die Suchtgefahren e.V. DHS
EN German Central Office against Addiction
FR Office central allemand contre les dangers de la toxicomanie
ES Centro Alemán contra los Peligros de Adicción

DE Deutsche Ibero-Amerika-Stiftung
EN German Ibero-America Foundation
FR Fondation allemande Ibéro-Amérique
ES Fundación Alemana Ibero-América
RU Германский фонд "Иберо-Америка"
PT Fundação Alemã Ibero-América

DE Deutsche Parlamentarische Gesellschaft e.V.
EN German Parliamentary Association
FR Cercle parlementaire allemand
ES Círculo Parlamentario Alemán

DE Deutsche Pfandbriefanstalt
< BMF

(Anstalt des öffentlichen Rechts; die Deutsche Pfandbriefanstalt verwendet auch im fremdsprachigen Schriftverkehr nur ihre deutsche Bezeichnung.)

DE Deutsche Siedlungs- und Landesrentenbank — DSL-Bank
< BML/BMF

(Anstalt des öffentlichen Rechts; die DSL-Bank verwendet auch im fremdsprachigen Schriftverkehr nur ihre deutsche Bezeichnung.)

DE Deutsche Stiftung für internationale Entwicklung — DSE
(Stiftung des bürgerlichen Rechts)
EN German Foundation for International Development
FR Fondation allemande pour le développement international
ES Fundación Alemana para el Desarrollo Internacional

DE Deutsche Welthungerhilfe
EN German Agro Action
FR Agro action allemande
ES Agro Acción Alemana

DE Deutscher Akademischer Austauschdienst e.V. — DAAD
EN German Academic Exchange Service
FR Office allemand d'échanges universitaires
ES Servicio Alemán de Intercambio Académico
IT Servizio Tedesco per lo Scambio Universitario
RU Немецкая служба академических обменов — ДААД

DE Deutscher Bauernverband e.V. DBV
EN German Farmers' Association
FR Association des agriculteurs allemands
ES Asociación de Agricultores Alemanes

DE Deutscher Bundesjugendring DBJR
EN German Federal Youth Council
FR Conseil fédéral de la jeunesse allemande
ES Consejo Federal de la Juventud Alemana
IT Consiglio Federale della Gioventù Tedesca
RU Федеральное объединение немецких молодежных организаций

DE Deutscher Bundestag BT
EN German Bundestag
FR Bundestag allemand
ES Bundestag Alemán
IT Bundestag Tedesco
RU Германский Бундестаг

DE Deutscher Caritasverband e.V.
(Spitzenverband der freien Wohlfahrtspflege)
EN Caritas Germany
FR Caritas allemande
ES Caritas Alemania

DE Deutscher Entwicklungsdienst, Gemeinnützige Gesellschaft mbH DED
EN German Volunteer Service
FR Service de volontaires allemands
ES Servicio de Voluntarios Alemanes
RU Немецкая служба помощи развивающимся странам

DE Deutscher Fußball-Bund DFB
EN German Football Federation
FR Fédération allemande de football
ES Federación Alemana de fútbol
IT Federazione Tedesca Gioco Calcio

DE Deutscher Gewerkschaftsbund DGB
EN German Trade Union Federation
FR Fédération des syndicats allemands
ES Federación Alemana de Sindicatos
IT Federazione dei Sindacati Tedeschi

DE Deutscher Hochschulverband
EN German Association of University Professors
FR Association allemande de professeurs d'université
ES Asociación Alemana de Profesores Universitarios
IT Associazione Tedesca dei Professori Universitari

DE Deutscher Industrie- und Handelstag DIHT
EN Association of German Chambers of Industry and Commerce
FR Association des Chambres de commerce et d'industrie allemandes
ES Asociación de las Cámaras de Comercio e Industria Alemanas
IT Associazione delle Camere di Commercio e Industria Tedesche
RU Объединение немецких промышленно-торговых палат ОНПТП

DE Deutscher Landesausschuß des ICSW
EN German National Committee of the International Council of Social Welfare
FR Comité national allemand du Conseil international de l'action sociale
ES Comité Nacional Alemán del Consejo Internacional de Bienestar Social

DE Deutscher Landkreistag dlt
EN Association of German Counties
FR Association des cercles allemands
ES Asociación de Comarcas Alemanas
RU Ассоциация немецких сельских районов

DE Deutscher Leichtathletik-Verband
EN German Athletics Federation
FR Fédération allemande d'athlétisme
ES Federación Alemana de Atletismo

DE Deutscher Musikrat - Sektion Bundesrepublik Deutschland im Internationalen Musikrat DMR
EN German Music Council - National Committee of the Federal Republic of Germany in the International Music Council
FR Conseil allemand de la musique - Comité national de la République fédérale d'Allemagne du Conseil international de la musique
ES Consejo Alemán de la Música - Comité Nacional de la República Federal de Alemania en el Consejo Internacional de la Música
RU Немецкий музыкальный совет - Национальный комитет Федеративной Республики Германия в Международном музыкальном совете при ЮНЕСКО

DE Deutscher Paritätischer Wohlfahrtsverband - Gesamtverband e.V. DPWV
EN German Undenominational Welfare Association
EN German Non-Denominational Welfare Association
FR Association paritaire allemande d'assistance
ES Asociación Alemana de Beneficencia no Confesional

DE Deutscher Rat der Europäischen Bewegung
EN German Council of the European Movement
FR Conseil allemand du Mouvement européen
ES Consejo Alemán del Movimiento Europeo
IT Consiglio Tedesco del Movimento Europeo

DE Deutscher Sparkassen- und Giroverband - Körperschaft des öffentlichen Rechts, Frankfurt DSGV ö.K.
< BMF
(zu unterscheiden vom Deutschen Sparkassen- und Giroverband e.V., Bonn)
EN German Savings Banks and Clearing Association - Public Corporation, Frankfurt
FR Association allemande des caisses d'épargne et de virement - collectivité de droit public, Francfort
ES Asociación Alemana de Cajas de Ahorro y Giro - Colectividad de Derecho Público, Francfort
IT Associazione Tedesca delle Casse di Risparmio e di Bancogiro - Ente di diritto pubblico, Francoforte

DE Deutscher Sparkassen- und Giroverband e.V., Bonn
(zu unterscheiden vom Deutschen Sparkassen- und Giroverband - Körperschaft des öffentlichen Rechts in Frankfurt a.M.)
EN German Savings Banks and Clearing Association, Bonn
FR Association allemande des caisses d'épargne et de virement, Bonn
ES Asociación Alemana de Cajas de Ahorro y Giro, Bonn
IT Associazione Tedesca delle Casse di Risparmio e di Bancogiro, Bonn

DE Deutscher Sportbund DSB
EN German Sports Federation
FR Fédération allemande du sport
ES Federación Alemana de Deportes
RU Немецкий спортивный союз НСС

DE Deutscher Städte- und Gemeindebund DStGB
(Der DStGB vertritt 8000 kreisangehörige Städte und Gemeinden.)
EN German Association of Towns and Municipalities
FR Fédération des villes et communes allemandes
ES Federación Nacional de Ciudades y Municipios
IT Federazione Tedesca delle Città e dei Comuni
RU Ассоциация немецких городов и общин

DE Deutscher Städtetag DST
(Der DST vertritt 673 Mitgliedstädte, davon 91 kreisfreie Städte (einschließl. Stadtstaaten) und 582 kreisangehörige Städte.)
EN German Association of Cities
FR Union des villes allemandes
ES Asociación Alemana de Ciudades
IT Associazione delle Città Tedesche
RU Ассоциация немецких городов

DE Deutscher Verein für öffentliche und private Fürsorge dv
EN German Association for Public and Private Welfare
FR Association allemande d'assistance publique et privée
ES Asociación Alemana de Beneficencia Pública y Privada

DE Deutscher Volkshochschul-Verband e.V. DVV
EN German Adult Education Association
FR Association allemande pour l'éducation des adultes
ES Asociación Alemana para la Educación de Adultos

DE Deutscher Wetterdienst - Zentralamt - DWD
< BMV
(Bundesoberbehörde des öffentlichen Rechts)
EN German Meteorological Service - Central Office -
FR Service allemand de la météorologie - Office central -
ES Servicio Meteorológico Alemán - Oficina Central -
IT Servizio Meteorologico Tedesco - Ufficio Centrale -
RU Германская служба погоды - Центральное управление -

DE Deutsches Aids-Zentrum am Robert-Koch-Institut
EN German Aids Centre
FR Centre allemand de lutte contre le SIDA
ES Centro Alemán de Lucha contra el SIDA

DE Deutsches Archäologisches Institut — DAI
< AA

(Auslandsabteilungen (7): Rom, Athen, Istanbul (mit Ankara), Kairo, Madrid (mit Lissabon), Bagdad, Teheran; ferner Stationen in Damaskus und Sanaa)

EN German Archaeological Institute
FR Institut allemand d'archéologie
ES Instituto Alemán de Arqueología

DE Deutsches Historisches Institut — DHI
< BMFT

(London, Paris, Rom, Washington)

EN German Historical Institute
FR Institut historique allemand
ES Instituto Histórico Germánico
IT Istituto Storico Germanico

DE Deutsches Hydrographisches Institut — DHI
< BMV

(Bundesoberbehörde)

EN German Hydrographic Institute
FR Institut hydrographique allemand
ES Instituto Hidrográfico Alemán
IT Istituto Idrografico Tedesco

DE Deutsches Institut für Entwicklungspolitik GmbH — DIE
EN German Development Institute
FR Institut allemand de développement
ES Instituto Alemán de Política de Desarrollo

DE Deutsches Institut für medizinische Dokumentation und Information — DIMDI
< BMJFFG

EN German Institute for Medical Documentation and Information
FR Institut allemand pour la documentation et l'information médicales
ES Instituto Alemán de Documentación e Información Médicas

DE Deutsches Komitee für Unicef
EN German Unicef Committee
FR Comité allemand Unicef
ES Comité Alemán Unicef
RU Немецкий комитет содействия ЮНИСЕФ

DE Deutsches Krebsforschungszentrum Heidelberg, Stiftung des öffentlichen Rechts — dkfz
EN German Cancer Research Centre Heidelberg
FR Centre allemand de la recherche du cancer, Heidelberg
ES Centro Alemán de Investigación del Cáncer Heidelberg
RU Немецкий онкологический центр в Гейдельберге — НОЦ

DE Deutsches Musikarchiv → Deutsche Bibliothek - Abteilung Deutsches Musikarchiv

DE Deutsches Mütter-Genesungswerk → Elly-Heuss-Knapp-Stiftung, Deutsches Mütter-Genesungswerk

DE Deutsches Nationalkomitee für Internationale Jugendarbeit
EN German National Committee for International Youth Work
FR Comité national allemand du travail international de jeunesse
ES Comité Nacional Alemán de Trabajo Internacional de Juventud

DE Deutsches Patentamt — DPA
< BMJ
(zentrale Bundesbehörde)
EN German Patent Office
FR Office allemand des brevets
ES Oficina Alemana de Patentes
IT Ufficio Tedesco dei Brevetti

DE Deutsches Rotes Kreuz e.V. — DRK
EN German Red Cross
FR Croix-Rouge allemande
ES Cruz Roja Alemana
IT Croce Rossa Tedesca
RU Германский красный крест — ГКК

DE Deutsches Übersee-Institut
EN German Overseas Institute
FR Institut allemand d'outre-mer
ES Instituto Alemán de Ultramar

DE Deutsches Weininstitut
EN German Wine Institute
FR Institut allemand du vin
ES Instituto Alemán del Vino

DE Deutsches Zentralkomitee zur Bekämpfung der Tuberkulose DZK
EN German Central Committee for the Control of Tuberculosis
FR Comité central allemand pour la lutte contre la tuberculose
ES Comité Central Antituberculoso Alemán

DE Diakonisches Werk der Evangelischen Kirche in Deutschland e.V.
EN Diakonisches Werk of the Evangelical Church in Germany
FR Diakonisches Werk de l'église évangélique en Allemagne
ES Diakonisches Werk (Obra Diaconal) de la Iglesia Evangélica en Alemania
IT Diakonisches Werk della Chiesa evangelica in Germania
RU Благотворительная организация Евангелической церкви в Германии "Диаконическое дело"

DE Die Grünen Grüne
EN The Greens
FR Les Verts
ES Los Verdes
IT I Verdi

DE DIN Deutsches Institut für Normung e.V. DIN
EN DIN German Institute for Standardization
FR DIN Institut allemand de normalisation
ES DIN Instituto Alemán de Normalización
RU ДИН Немецкий Институт по стандартизации

DE Disziplinaranwalt → Bundesdisziplinaranwalt, → Bundeswehrdisziplinaranwalt

DE Disziplinargericht → Bundesdisziplinargericht

DE Elly-Heuss-Knapp-Stiftung, Deutsches Mütter-Genesungswerk MGW
EN German Mothers' Convalescence and Recuperation Scheme
FR Oeuvre allemande de cures de repos pour mères de famille
ES Obra Alemana para Restablecimiento de Madres de Familia

DE Entwicklungsdienst → Deutscher Entwicklungsdienst, Gemeinnützige Gesellschaft mbH

DE Ernst-Rodenwald-Institut → Institut für Wehrmedizin und Hygiene, Ernst-Rodenwald-Institut

DE Evangelisches Kirchenamt für die Bundeswehr EKA
< BMVg
EN Office of the Protestant Church for the Federal Armed Forces
FR Direction centrale de l'aumônerie protestante aux Forces armées fédérales
ES Capellanía Evangélica de las Fuerzas Armadas Federales

DE Fachhochschule des Bundes für öffentliche Verwaltung FH Bund
< BMI
(nicht rechtsfähige Körperschaft und ressortübergreifende staatliche Einrichtung)
EN Federal College for Public Administration
FR Ecole supérieure fédérale d'administration publique
ES Escuela Superior Federal de Administración Pública

DE Fernmeldeamt der Bundeswehr
< BMVg
EN Federal Armed Forces Communications Office
FR Office de télécommunications des Forces armées fédérales
ES Oficina de Telecomunicaciones de las Fuerzas Armadas Federales

DE Fernmeldetechnisches Zentralamt FTZ
< BMPT
(nachgeordnete Mittelbehörde)
EN Telecommunication Engineering Centre
FR Centre technique des télécommunications
ES Centro Técnico de Telecomunicaciones

DE Finanzakademie → Bundesfinanzakademie

DE Finanzgericht
EN Finance Court
FR Tribunal des finances
ES Tribunal de Hacienda
IT Tribunale delle Finanze
HS finansijski sud

DE Finanzhof → Bundesfinanzhof

DE Finanzierungsgesellschaft → DEG - Deutsche Finanzierungsgesellschaft für Beteiligungen in Entwicklungsländern GmbH

DE Flottenkommando
< BMVg
EN Fleet Command
FR Commandement de la flotte
ES Mando de la Flota

DE Förderungsgesellschaft für Entwicklungsländer → Deutsche Förderungsgesellschaft für Entwicklungsländer GmbH

DE Forschungs- und Versuchsanstalt für Luft- und Raumfahrt → Deutsche Forschungs- und Versuchsanstalt für Luft- und Raumfahrt e.V.

DE Forschungsgemeinschaft → Deutsche Forschungsgemeinschaft

DE Forschungsinstitut der Deutschen Gesellschaft für auswärtige Politik e.V.
EN Research Institute of the German Society for Foreign Affairs
FR Institut de recherche de la Société allemande de politique étrangère
ES Instituto de Investigación de la Sociedad Alemana de Política Exterior

DE Forschungsinstitut für Internationale Politik und Sicherheit → Stiftung Wissenschaft und Politik - Forschungsinstitut für Internationale Politik und Sicherheit

DE Freie Demokratische Partei F.D.P.
EN Free Democratic Party
FR Parti libéral démocrate
ES Partido Liberal Democrático
IT Partito Liberale Democratico

DE Friedrich-Ebert-Stiftung e.V. FES
EN Friedrich Ebert Foundation
FR Fondation Friedrich Ebert
ES Fundación Friedrich Ebert
IT Fondazione Friedrich Ebert

DE Friedrich-Naumann-Stiftung
EN Friedrich Naumann Foundation
FR Fondation Friedrich Naumann
ES Fundación Friedrich Naumann
IT Fondazione Friedrich Naumann

DE Führungsakademie der Bundeswehr FüAkBw
< BMVg
EN Federal Armed Forces Command and Staff College
FR Ecole supérieure de guerre des Forces armées fédérales
ES Escuela de Mando y Estado Mayor de las Fuerzas Armadas Federales

DE Fußball-Bund → Deutscher Fußball-Bund

DE Generalbundesanwalt beim Bundesgerichtshof GBA
< BMJ
EN Public Prosecutor General of the Federal Court of Justice
FR Procureur général près la Cour fédérale de justice
ES Fiscal General ante la Corte Federal de Justicia
IT Procuratore Generale presso la Corte Federale di Giustizia

DE Genossenschaftsbank → Deutsche Genossenschaftsbank

DE Gesamtdeutsches Institut - Bundesanstalt für gesamtdeutsche Aufgaben BfgA
< BMB
EN All-German Institute - Federal Agency for All-German Affairs
FR Institut panallemand - Institut fédéral pour les tâches panallemandes
ES Instituto Panalemán - Instituto Federal para Tareas Panalemanas

DE Gesellschaft für auswärtige Politik → Deutsche Gesellschaft für Auswärtige Politik e.V.

DE Gesellschaft für die Vereinten Nationen → Deutsche Gesellschaft für die Vereinten Nationen e.V.

DE Gesellschaft für Mathematik und Datenverarbeitung m.b.H. GMD
EN Mathematics and Data Processing Company Ltd.
FR Société des mathématiques et de l'informatique
ES Sociedad Limitada de Matemáticas y Procesamiento de Datos

DE Gesundheitsamt → Bundesgesundheitsamt

DE Gewerbezentralregister GZR
< BMJ
EN Central Trade and Industry Register
FR Registre central de l'industrie, de l'artisanat et du commerce
ES Registro Central de la Industria, el Artesanado y el Comercio

DE Gewerkschaftsbund → Deutscher Gewerkschaftsbund

DE Goethe-Institut zur Pflege der deutschen Sprache im Ausland und zur Förderung der internationalen kulturellen Zusammenarbeit
EN Goethe Institute
FR Institut Goethe
ES Instituto Goethe
IT Istituto Goethe
RU Институт им. И. В. Гете по содействию немецкому языку за рубежом и международному культурному сотрудничеству

DE Grenzschutz → Bundesgrenzschutz, → Grenzschutzkommando

DE Grenzschutzkommando
< BMI
EN Federal Border Guard Command
FR Commandement du Corps fédéral de protection des frontières
ES Comando del Cuerpo Federal de Protección de las Fronteras
IT Comando della Guardia Federale di Frontiera

DE Hanns-Seidel-Stiftung e.V. HSS
EN Hanns Seidel Foundation
FR Fondation Hanns Seidel
ES Fundación Hanns Seidel
IT Fondazione Hanns Seidel

DE Hauptkasse → Bundeshauptkasse

DE Hauptprüfungsamt für die Deutsche Bundesbahn HPA
< BMV
EN Main Audit Office of the German Federal Railway
FR Office principal de contrôle des comptes du chemin de fer fédéral allemand
ES Oficina Principal de Control de Contabilidad de los Ferrocarriles Federales Alemanes

DE Hauptstelle gegen die Suchtgefahren → Deutsche Hauptstelle gegen die Suchtgefahren e.V.

DE Hauptverwaltung der Deutschen Bundesbahn HVB
< BMV
EN Headquarters of the German Federal Railway
FR Direction générale du Chemin de fer fédéral allemand
ES Administración Central de los Ferrocarriles Federales Alemanes

DE Heeresamt
< BMVg
EN Army Office
FR Office de l'armée de terre
ES Oficina General del Ejército de Tierra

DE Historisches Institut → Deutsches Historisches Institut

DE Hochschulverband → Deutscher Hochschulverband

DE Hydrographisches Institut → Deutsches Hydrographisches Institut

DE Ibero-Amerika-Verein e.V. - Deutsch-Lateinamerikanische Wirtschaftsvereinigung
EN Ibero-America Association - German Latin American Business Association
FR Association Ibéro-Amérique - Association allemande-latino-américaine de l'industrie et du commerce
ES Asociación Ibero-América - Asociación Alemana-Latinoamericana de Industria y Comercio
RU Ассоциация "Иберо-Америка" - Германо-латиноамериканское экономическое объединение
PT Associação Ibero-América - Associação Alemã Latino-Americana de Indústria e Comércio

DE Industrie- und Handelskammer IHK
EN Chamber of Industry and Commerce
FR Chambre de commerce et d'industrie
ES Cámara de Comercio e Industria
IT Camera di Commercio e Industria

DE Industrie- und Handelstag → Deutscher Industrie- und Handelstag

DE Institut der Deutschen Wirtschaft e.V. IW
EN Institute of the German Economy
FR Institut de l'économie allemande
ES Instituto de la Economía Alemana
IT Istituto dell'Economia Tedesca

DE Institut für Angewandte Geodäsie IfAG
< BMI
EN Institute for Applied Geodesy
FR Institut de géodésie appliquée
ES Instituto de Geodesia Aplicada
IT Istituto di Geodesia Applicata

DE Institut für Arzneimittel (des Bundesgesundheitsamtes)
< BGA
EN Institute for Drugs (of the Federal Health Office)
FR Institut des médicaments (de l'Office fédéral de la santé)
ES Instituto de Productos Farmacéuticos (de la Oficina Federal de la Salud)

DE Institut für Auslandsbeziehungen IfA
EN Institute for Foreign Relations
FR Institut pour les relations étrangères
ES Instituto para las Relaciones Extranjeras
IT Istituto per le Relazioni Estere

DE Institut für Bauforschung e.V. IfB
EN Institute of Building Research
FR Institut de recherches du bâtiment
ES Instituto de Investigación de la Construcción

DE Institut für Entwicklungspolitik → Deutsches Institut für Entwicklungspolitik GmbH

DE Institut für europäische Politik e.V.
EN Institute for European Policy
FR Institut de politique européenne
ES Instituto de Política Europea

DE Institut für medizinische Dokumentation und Information → Deutsches Institut für medizinische Dokumentation und Information

DE Institut für Radioastronomie im mm-Wellenbereich (Gemeinschaftsunternehmen zw. Max-Planck-Institut für Radioastronomie und CNRS (Frankreich)) IRAM
EN Institute for EHF Radio Astronomy
FR Institut de radio-astronomie millimétrique IRAM
ES Instituto de Radioastronomía Milimétrica

DE Institut für Sozialmedizin und Epidemiologie (des Bundesgesundheitsamtes)
< BGA
EN Institute for Social Medicine and Epidemiology (of the Federal Health Office)
FR Institut de médecine sociale et d'épidémiologie (de l'Office fédéral de la santé)
ES Instituto de Medicina Social y Epidemiología (de la Oficina Federal de la Salud)

DE Institut für Strahlenhygiene (des Bundesgesundheitsamtes)
< BGA
EN Institute for Radiation Hygiene (of the Federal Health Office)
FR Institut de radiohygiène (de l'Office fédéral de la santé)
ES Instituto de Radiohigiene (de la Oficina Federal de la Salud)

DE Institut für Veterinärmedizin, Robert von Ostertag-Institut (des Bundesgesundheitsamtes)
< BGA
EN Institute for Veterinary Medicine, Robert von Ostertag Institute (of the Federal Health Office)
FR Institut de médecine vétérinaire, Institut Robert von Ostertag (de l'Office fédéral de la santé)
ES Instituto de Medicina Veterinaria, Instituto Robert von Ostertag (de la Oficina Federal de la Salud)

DE Institut für Wasser-, Boden- und Lufthygiene (des Bundesgesundheitsamtes) < BGA
EN Institute for Water, Soil and Air Hygiene (of the Federal Health Office)
FR Institut d'hygiène de l'eau, du sol et de l'air (de l'Office fédéral de la santé)
ES Instituto de Higiene del Agua, del Suelo y del Aire (de la Oficina Federal de la Salud)

DE Institut für Wehrmedizin und Hygiene, Ernst-Rodenwald-Institut
EN Institute for Military Medicine and Hygiene, Ernst Rodenwald Institute
FR Institut de médecine et d'hygiène des Forces armées fédérales, Institut Ernst Rodenwald
ES Instituto de Medicina e Higiene de las Fuerzas Armadas Federales, Instituto Ernst Rodenwald

DE Internationaler Jugendaustausch- und Besucherdienst der Bundesrepublik Deutschland e.V. IJAB
EN International Youth Exchange and Visitors' Service of the Federal Republic of Germany
FR Service international de la République fédérale d'Allemagne d'échanges de jeunes et de l'accueil d'experts du domaine de la jeunesse
ES Servicio Internacional de Intercambio Juvenil y de Visitantes de la República Federal de Alemania

DE Internationaler Sozialdienst, Deutscher Zweig e.V.
EN International Social Service, German Branch
FR Service social international, branche allemande
ES Servicio Social Internacional, Rama Alemana

DE Kartellamt → Bundeskartellamt

DE Kassenärztliche Bundesvereinigung, Körperschaft des öffentlichen Rechts (bundesunmittelbare Körperschaft) KBV < BMA
EN Federal Association of Panel Doctors
FR Association fédérale des médecins de caisse
ES Asociación Federal de Médicos de Caja

DE Kassenzahnärztliche Bundesvereinigung, Körperschaft des öffentlichen Rechts — KZBV
< BMA
(bundesunmittelbare Körperschaft)
EN Federal Association of Panel Dentists
FR Association fédérale des dentistes de caisse
ES Asociación Federal de Dentistas de Caja

DE Katholisches Militärbischofsamt — KMBA
< BMVg
EN Office of the Catholic Bishop for the Federal Armed Forces
FR Direction centrale de l'aumônerie catholique aux Forces armées fédérales
ES Capellanía Católica de las Fuerzas Armadas Federales

DE Kernforschungsanlage Jülich — KFA
EN Nuclear Research Centre Jülich
FR Centre de recherches nucléaires Jülich
ES Centro de Investigación Nuclear Jülich
IT Centro di Ricerca Nucleare Jülich

DE Konrad-Adenauer-Stiftung e.V. — KAS
EN Konrad Adenauer Foundation
FR Fondation Konrad Adenauer
ES Fundación Konrad Adenauer
IT Fondazione Konrad Adenauer

DE Korps (der Bundeswehr)
< BMVg
EN Corps
EN Army Corps
FR Corps d'armée
ES Cuerpo de Ejército
IT Corpo d'Armata

DE Kraftfahrt-Bundesamt — KBA
< BMV
(Bundesoberbehörde)
EN Federal Office for Motor Traffic
FR Office fédéral pour la circulation des véhicules à moteur
ES Oficina Federal de Transportes por Carretera

DE Krebsforschungszentrum Heidelberg → Deutsches
Krebsforschungszentrum Heidelberg, Stiftung des öffentlichen Rechts

DE Kreditanstalt für Wiederaufbau KfW
< BMF
(Anstalt des öffentlichen Rechts)
EN Development Loan Corporation
FR Institut de crédit pour la reconstruction
ES Instituto de Crédito para la Reconstrucción

DE Kriminalamt → Bundeskriminalamt

DE Kultusministerkonferenz → Ständige Konferenz der Kultusminister der
Länder in der Bundesrepublik Deutschland

DE Kunsthistorisches Institut in Florenz KHI
< BMFT
EN German Institute of Art History
FR Institut d'histoire de l'art
ES Instituto Germánico de Historia del Arte
IT Istituto Germanico di Storia dell'Arte

DE Kuratorium Deutsche Altershilfe e.V. - Wilhelmine-Lübke-Stiftung - KDA
EN German Foundation for the Care of the Aged - Wilhelmine Lübke
Foundation -
FR Association allemande de l'aide aux personnes agées - Fondation
Wilhelmine Lübke -
ES Consejo Alemán de Ayuda para Viejos - Fundación Wilhelmine Lübke -

DE Landesarbeitsgericht
EN Higher Labour Court
FR Tribunal supérieur du travail
ES Tribunal Superior de Trabajo
IT Tribunale Superiore del Lavoro
HS pokrajinski radni sud

DE Landespostdirektion Berlin
< BMPT
EN Regional Directorate of Posts and Telecommunications of Land Berlin
FR Direction des postes et télécommunications du Land de Berlin
ES Dirección de Correos y Telecomunicaciones del Land Berlín

DE Landesregierung
EN Land Government
FR gouvernement du Land
ES gobierno del Land
IT governo del Land

DE Landessozialgericht
EN Higher Social Court
FR Tribunal supérieur du contentieux social
ES Tribunal Superior de Asuntos de Seguridad Social
IT Tribunale Superiore Sociale
HS pokrajinski socijalni sud

DE Landesvertretung ...
(amtliche Bezeichnung: → Bevollmächtigter des Landes ... beim Bund)
EN Representation of Land ... to the Federation
FR Représentation du Land de ... auprès de la Fédération
ES Representación del Land ... ante la Federación
IT Rappresentanza del Land ... presso la Federazione

DE Landgericht
EN Regional Court
FR Tribunal régional
ES Tribunal Regional
IT Tribunale Regionale
HS okružni sud

DE Landkreistag → Deutscher Landkreistag

DE Lastenausgleichsbank (Bank für Vertriebene und Geschädigte)
(ehemalige Bezeichnung der → Deutschen Ausgleichsbank)

DE Leichtathletik-Verband → Deutscher Leichtathletik-Verband

DE Leiterkreis der Evangelischen Akademien in Deutschland e.V.
EN Protestant Academy
FR Académie protestante
ES Academia Protestante
IT Accademia Protestante

DE Lernen und Helfen in Übersee → Arbeitskreis "Lernen und Helfen in Übersee" e.V.

DE Lotsenbrüderschaft
EN Pilots' Brotherhood
FR Association fraternelle de pilotes
ES Hermandad de Prácticos
IT Corporazione di Piloti

DE Lotsenkammer → Bundeslotsenkammer

DE Luftfahrt-Bundesamt LBA
< BMV
(Bundesoberbehörde)
EN Federal Office of Civil Aeronautics
FR Office fédéral de l'aéronautique
ES Oficina Federal de Aeronáutica Civil
IT Ufficio Federale dell'Aeronautica Civile

DE Luftflottenkommando
< BMVg
EN Headquarters, Air Force Tactical Command
FR Commandement des forces aériennes tactiques
ES Mando de la Flota Aérea

DE Luftwaffenamt
< BMVg
EN Air Force Office
FR Office de l'armée de l'air
ES Oficina General del Ejército del Aire
IT Ufficio dell'Aeronautica Militare

DE Luftwaffenunterstützungskommando
< BMVg
EN Air Force Support Command
EN Headquarters, Air Force Support
FR Commandement de soutien de l'armée de l'air
ES Mando Aéreo de Apoyo

DE MAD-Amt → Amt für den Militärischen Abschirmdienst

DE Marineamt
< BMVg
EN Naval Office
FR Office de la marine
ES Oficina General de la Marina
IT Ufficio della Marina

DE Marineunterstützungskommando
< BMVg
EN Naval Support Command
FR Commandement de soutien de la marine
ES Mando de Apoyo de la Marina

DE Materialamt der Bundeswehr
< BMVg
EN Federal Armed Forces Materiel Office
FR Direction centrale du matériel des Forces armées fédérales
ES Jefatura de Material de las Fuerzas Armadas Federales
IT Ufficio del Materiale delle Forze Armate Federali

DE Max-Planck-Gesellschaft zur Förderung der Wissenschaften MPG
EN Max Planck Society for the Promotion of Science
FR Société Max Planck pour la promotion des sciences
ES Sociedad Max Planck para la Promoción de las Ciencias
IT Società Max Planck per la Promozione della Scienza
RU Общество по содействию наукам им. Макса Планка

DE Max-Planck-Institut für ausländisches öffentliches Recht und Völkerrecht
EN Max Planck Institute for Comparative Public Law and International Law
FR Institut Max Planck de droit public comparé et de droit international
ES Instituto Max Planck de Derecho Público Comparado y Derecho Internacional

DE Max-Planck-Institut für Radioastronomie MPIfR
EN Max Planck Institute for Radio Astronomy
FR Institut Max Planck de radio-astronomie
ES Instituto Max Planck de Radioastronomía

DE Max-von-Pettenkofer-Institut (des Bundesgesundheitsamtes)
< BGA
EN Max von Pettenkofer Institute (of the Federal Health Office)
FR Institut Max von Pettenkofer (de l'Office fédéral de la santé)
ES Instituto Max von Pettenkofer (de la Oficina Federal de la Salud)

DE Militärgeschichtliches Forschungsamt
< BMVg
EN Military History Research Institute
FR Centre d'études d'histoire militaire
ES Centro de Estudios de Historia Militar

DE Ministerpräsident (eines Landes der Bundesrepublik Deutschland)
EN Minister-President
FR Ministre-président
ES Ministro-Presidente
IT Ministro Presidente

DE Monopolverwaltung für Branntwein → Bundesmonopolverwaltung für Branntwein

DE Musikarchiv → Deutsche Bibliothek - Abteilung Deutsches Musikarchiv

DE Musikrat → Deutscher Musikrat - Sektion Bundesrepublik Deutschland im Internationalen Musikrat

DE Mütter-Genesungswerk → Elly-Heuss-Knapp-Stiftung, Deutsches Mütter-Genesungswerk

DE Nationaler Aids-Beirat NAB
EN National Advisory Board on Aids NAB
FR Comité consultatif national de lutte contre le SIDA
ES Comité Consultivo Nacional de Lucha contra el SIDA

DE Nationales Referenzzentrum für Adenoviren (am Institut für Hygiene und Mikrobiologie der Universität des Saarlandes in Homburg/Saar)
EN National Reference Centre for Adenoviruses (at the Saarland University Institute for Hygiene and Microbiology)
FR Centre de référence national pour les adénovirus (à l'Institut d'hygiène et de microbiologie de l'Université de la Sarre)
ES Centro Nacional de Referencia para Virus Adénicos (en el Instituto de Higiene y Microbiología de la Universidad del Sarre)

DE Nationales Referenzzentrum für die Lysotypie von Salmonellen und Staphylokokken (am Institut für Medizinische Mikrobiologie und Immunologie der Universität Bonn)
EN National Reference Centre for Phagetyping of Salmonellae and Staphylococci (at the Bonn University Institute for Medical Microbiology and Immunology)
FR Centre de référence national pour la lysotypie des salmonelles et des staphylocoques (à l'Institut de microbiologie médicale et d'immunologie de l'Université de Bonn)
ES Centro Nacional de Referencia para Lisotipia de Salmonelles y Estafilococos (en el Instituto de Microbiología Médica e Inmunología de la Universidad de Bonn)

DE Nationales Referenzzentrum für Enteroviren (am Hygiene-Institut der Universität Freiburg)
EN National Reference Centre for Enteroviruses (at the Freiburg University Institute for Hygiene)
FR Centre de référence national pour les entérovirus (à l'Institut d'hygiène de l'Université de Fribourg)
ES Centro Nacional de Referencia para Virus Entéricos (en el Instituto de Higiene de la Universidad de Friburgo)

DE Nationales Referenzzentrum für Virus-Hepatitis (am Hygiene-Institut der Universität Göttingen)
EN National Reference Centre for Virus Hepatitis (at the Göttingen University Institute of Hygiene)
FR Centre de référence national pour l'hépatite virale (à l'Institut d'hygiène de l'Université de Göttingen)
ES Centro Nacional de Referencia para Hepatitis Vírica (en el Instituto de Higiene de la Universidad de Gotinga)

DE Nationalkomitee für Internationale Jugendarbeit → Deutsches Nationalkomitee für Internationale Jugendarbeit

DE Oberbundesanwalt beim Bundesverwaltungsgericht — OBA
< BMI
(selbständige Rechtspflegebehörde)
EN Chief Public Attorney of the Federal Administrative Court
FR Procureur en chef près la Cour administrative fédérale
ES Fiscal General ante la Corte Contencioso-administrativa Federal
IT Procuratore Generale presso la Corte Amministrativa Federale

DE Oberfinanzdirektion
< BMF
(Mittelbehörde)
EN Regional Finance Office
FR Direction régionale des finances
ES Dirección Regional de Hacienda
IT Direzione Regionale delle Finanze

DE Oberlandesgericht
EN Higher Regional Court
FR Tribunal régional supérieur
ES Tribunal Regional Superior
IT Tribunale Regionale Superiore
HS viši pokrajinski sud

DE Oberpostdirektion
< BMPT
EN Regional Directorate of Posts and Telecommunications
FR Direction régionale des postes et télécommunications
ES Dirección Regional de Correos y Telecomunicaciones
IT Direzione Regionale delle Poste e Telecomunicazioni

DE Oberprüfungsamt für die höheren technischen Verwaltungsbeamten — OPA
< BMV
(fachneutrale Bundesoberbehörde)
EN High Board of Examination for Senior Technical Civil Service Staff
FR Office des examens réservés aux futurs fonctionnaires techniques supérieurs
ES Oficina de Exámenes para Funcionarios Técnicos Superiores de la Administración

DE Oberseeamt → Bundesoberseeamt

DE Oberste Straßenbaubehörden der Länder
EN Supreme Länder Authorities for Road Construction
FR Autorités suprêmes des Länder en matière de construction routière
ES Autoridades Supremas de los Länder en Materia de Construcción de Carreteras

DE Oberstes Rückerstattungsgericht ORG
< BMJ
EN Supreme Restitution Court
FR Cour suprême de restitution
ES Corte Suprema de Restituciones
IT Corte Suprema di Restituzione

DE Oberverwaltungsgericht
(in Baden-Württemberg, Bayern und Hessen: "Verwaltungsgerichtshof")
EN Higher Administrative Court
FR Tribunal administratif supérieur
ES Tribunal Contencioso-administrativo Superior
IT Tribunale Amministrativo Superiore
HS viši upravni sud

DE Ordenskanzlei des Bundespräsidialamtes
EN Honours and Decorations Section at the Office of the Federal President
FR Chancellerie des ordres à la Présidence fédérale
ES Cancillería de Honores y Condecoraciones de la Presidencia Federal

DE Ost-Ausschuß der Deutschen Wirtschaft
(Sechs Arbeitskreise: UdSSR, China, Bulgarien, Polen, Rumänien, Tschechoslowakei, Ungarn)
EN German Business East-West Trade Committee
(six Special Committees for Trade with: USSR, China, Bulgaria, Poland, Czechoslovakia, Hungary)
FR Comité de l'économie allemande pour les relations Est-Ouest
ES Comité de la Economía Alemana para las Relaciones Este-Oeste
RU Восточный комитет немецкой экономики

DE Ostasiatischer Verein e.V.
EN East Asia Association
FR Association de l'Asie orientale
ES Asociación del Asia Oriental

DE Otto Benecke Stiftung OBS
EN Otto Benecke Foundation
FR Fondation Otto Benecke
ES Fundación Otto Benecke
IT Fondazione Otto Benecke

DE Paritätischer Wohlfahrtsverband → Deutscher Paritätischer Wohlfahrtsverband - Gesamtverband e.V.

DE Parlamentarische Gesellschaft → Deutsche Parlamentarische Gesellschaft e.V.

DE Patentamt → Deutsches Patentamt

DE Patentgericht → Bundespatentgericht

DE Paul-Ehrlich-Institut - Bundesamt für Sera und Impfstoffe - PEI
< BMJFFG
EN Paul Ehrlich Institute - Federal Agency for Sera and Vaccines -
FR Institut Paul Ehrlich - Office fédéral des sérums et des vaccins -
ES Instituto Paul Ehrlich - Oficina Federal de Sueros y Vacunas -

DE Pensionskasse deutscher Eisenbahnen und Straßenbahnen
< BMF
EN Pension Fund for German Railway and Tramway Workers
FR Caisse de retraite des sociétés de chemin de fer et de tramway allemandes
ES Caja de Pensiones de los Ferroviarios y Tranviarios Alemanes

DE Personalstammamt der Bundeswehr
< BMVg
EN Federal Armed Forces Central Personnel Office
FR Office central du personnel des Forces armées fédérales
ES Oficina Central de Personal de las Fuerzas Armadas Federales

DE Pfandbriefanstalt → Deutsche Pfandbriefanstalt

DE Physikalisch-Technische Bundesanstalt PTB
< BMWi
EN Federal Institute of Physics and Metrology
FR Institut fédéral de physique et de métrologie
ES Instituto Federal de Física y Metrología
RU Федеральный институт физики и метрологии

DE Polizeiführungsakademie PFA
(zentrale Aus- und Fortbildungsstätte des Bundes und der Länder für den höheren Polizeivollzugsdienst)
EN Police Command Academy
FR Académie des cadres de la police
ES Academia de Mandos de la Policía

DE Posttechnisches Zentralamt (der Deutschen Bundespost)
< BMPT
(nachgeordnete Mittelbehörde)
EN Postal Engineering Centre
FR Centre technique des postes
ES Centro Técnico de Correos

DE Präsident des Bundesgerichtshofes
EN President of the Federal Court of Justice
FR Président de la Cour fédérale de Justice
ES Presidente de la Corte Federal de Justicia
IT Presidente della Corte Federale di Giustizia

DE Präsident des Bundesrates
EN President of the Bundesrat
FR Président du Bundesrat
ES Presidente del Bundesrat
IT Presidente del Bundesrat

DE Präsident des Bundesrechnungshofes und Bundesbeauftragter für Wirtschaftlichkeit in der Verwaltung
EN President of the Federal Court of Audit and Federal Commissioner for Efficiency in Public Administration
FR Président de la Cour fédérale des comptes et Commissaire fédéral à l'économie dans l'administration
ES Presidente del Tribunal Federal de Cuentas y Delegado Federal en Materia de Eficiencia Administrativa

DE Präsident des Deutschen Bundestages
EN President of the German Bundestag
FR Président du Bundestag allemand
ES Presidente del Bundestag Alemán
IT Presidente del Bundestag Tedesco

DE Präsidialamt → Bundespräsidialamt

DE Presse- und Informationsamt der Bundesregierung BPA
(Oberste Bundesbehörde)
EN Press and Information Office of the Federal Government
FR Office de presse et d'information du Gouvernement fédéral
ES Departamento de Prensa e Información del Gobierno Federal
IT Ufficio Stampa e Informazioni del Governo Federale

DE Rat der Europäischen Bewegung → Deutscher Rat der Europäischen Bewegung

DE Rat der Weisen → Sachverständigenrat zur Begutachtung der gesamtwirtschaftlichen Entwicklung

DE Rechnungshof → Bundesrechnungshof

DE Rektorenkonferenz → Westdeutsche Rektorenkonferenz

DE Robert-Koch-Institut
< BGA
(wissenschaftliches Institut des Bundesgesundheitsamtes)
EN Robert Koch Institute
FR Institut Robert Koch
ES Instituto Robert Koch
IT Istituto Robert Koch

DE Robert von Ostertag-Institut → Institut für Veterinärmedizin, Robert von Ostertag-Institut (des Bundesgesundheitsamtes)

DE Rotes Kreuz → Deutsches Rotes Kreuz e.V.

DE Sachverständigenrat zur Begutachtung der gesamtwirtschaftlichen Entwicklung (Rat der Weisen)
EN German Council of Economic Experts (Board of Experts)
FR Conseil d'experts pour l'appréciation de l'évolution économique générale
ES Consejo de Expertos Evaluadores para el Desarrollo Macroeconómico

DE Sanitätsamt der Bundeswehr
< BMVg
EN Federal Armed Forces Medical Office
FR Office médical des Forces armées fédérales
ES Oficina de Sanidad de las Fuerzas Armadas Federales

DE See-Berufsgenossenschaft
EN Seamen's Accident Prevention and Insurance Authority
FR Office de prévoyance et d'assurance contre les accidents des marins
ES Oficina de Previsión y Seguros de Accidentes en la Navegación Marítima

DE Siedlungs- und Landesrentenbank → Deutsche Siedlungs- und Landesrentenbank

DE Sortenamt → Bundessortenamt

DE Sozialamt der Deutschen Bundespost
< BMPT
(nachgeordnete Mittelbehörde)
EN Welfare Office of the Deutsche Bundespost
FR Office central des services sociaux de la Deutsche Bundespost
ES Oficina de Asuntos Sociales del Deutsche Bundespost

DE Sozialdemokratische Partei Deutschlands SPD
EN Social Democratic Party of Germany
FR Parti social-démocrate d'Allemagne
ES Partido Social-demócrata de Alemania
IT Partito Social-Democratico di Germania

DE Sozialgericht
EN Social Court
FR Tribunal du contentieux social
ES Tribunal de Asuntos de Seguridad Social
IT Tribunale Sociale
HS socijalni sud

DE Sparkassen- und Giroverband → Deutscher Sparkassen- und Giroverband - Körperschaft des öffentlichen Rechts, Frankfurt bzw. → Deutscher Sparkassen- und Giroverband e.V., Bonn

DE Sportbund → Deutscher Sportbund

DE Stabilisierungsfonds für Wein, Anstalt des öffentlichen Rechts
< BML
EN Stabilisation Fund for Wine
FR Fonds de stabilisation du vin
ES Fondo de Estabilización del Vino
IT Fondo di Stabilizzazione del Vino

DE Städte- und Gemeindebund → Deutscher Städte- und Gemeindebund

DE Städtetag → Deutscher Städtetag

DE Ständige Konferenz der Kultusminister der Länder in der Bundesrepublik Deutschland KMK
EN Standing Conference of Ministers of Education and Cultural Affairs of the Länder in the Federal Republic of Germany
FR Conférence permanente des ministres de l'éducation et des affaires culturelles des Länder en République fédérale d'Allemagne
ES Conferencia Permanente de los Ministros de Educación y Cultura de los Länder en la República Federal de Alemania
IT Conferenza Permanente dei Ministri della Pubblica Istruzione dei Länder nella Repubblica Federale di Germania
RU Постоянная конференция министров культуры и образования земель в Федеративной Республике Германия

DE Ständige Vertretung der Bundesrepublik Deutschland bei dem Büro der Vereinten Nationen und bei den anderen internationalen Organisationen in Genf

< AA

EN Permanent Mission of the Federal Republic of Germany to the Office of the United Nations and to the other International Organizations in Geneva

FR Mission permanente de la République fédérale d'Allemagne auprès de l'Office des Nations Unies et des autres organisations internationales à Genève

ES Misión Permanente de la República Federal de Alemania ante la Oficina de las Naciones Unidas y demás Organizaciones Internacionales en Ginebra

RU Постоянное представительство Федеративной Республики Германия при отделении Организации Объединенных Наций и других международных организациях в Женеве

DE Ständige Vertretung der Bundesrepublik Deutschland bei dem Büro der Vereinten Nationen und bei den anderen internationalen Organisationen in Wien

< AA

EN Permanent Mission of the Federal Republic of Germany to the Office of the United Nations and to the other International Organizations in Vienna

FR Mission permanente de la République fédérale d'Allemagne auprès de l'Office des Nations Unies et des autres organisations internationales à Vienne

ES Misión Permanente de la República Federal de Alemania ante la Oficina de las Naciones Unidas y demás Organizaciones Internacionales en Viena

RU Постоянное представительство Федеративной Республики Германия при отделении Организации Объединенных Наций и других международных организациях в Вене

DE Ständige Vertretung der Bundesrepublik Deutschland bei den Europäischen Gemeinschaften, Brüssel

< AA

EN Permanent Representation of the Federal Republic of Germany to the European Communities

FR Représentation permanente de la République fédérale d'Allemagne auprès des Communautés européennes

ES Representación Permanente de la República Federal de Alemania ante las Comunidades Europeas

DE Ständige Vertretung der Bundesrepublik Deutschland bei den Vereinten Nationen, New York

< AA

EN Permanent Mission of the Federal Republic of Germany to the United Nations
FR Mission permanente de la République fédérale d'Allemagne auprès des Nations Unies
ES Misión Permanente de la República Federal de Alemania ante las Naciones Unidas
RU Постоянное представительство Федеративной Республики Германия при Организации Объединенных Наций

DE Ständige Vertretung der Bundesrepublik Deutschland bei der Deutschen Demokratischen Republik

< BK

EN Permanent Representation of the Federal Republic of Germany to the German Democratic Republic
FR Représentation permanente de la République fédérale d'Allemagne auprès de la République démocratique allemande
ES Representación Permanente de la República Federal de Alemania ante la República Democrática Alemana
RU Постоянное представительство Федеративной Республики Германия при Германской Демократической Республике
PL Stałe Przedstawicielstwo Republiki Federalnej Niemiec w Niemieckiej Republice Demokratycznej
HS Stalno predstavništvo Savezne Republike Nemačke u Nemačkoj Demokratskoj Republici

DE Ständige Vertretung der Bundesrepublik Deutschland bei der Nordatlantikpakt-Organisation, Brüssel

< AA

EN Permanent Delegation of the Federal Republic of Germany to the North Atlantic Treaty Organization
FR Délégation permanente de la République fédérale d'Allemagne auprès de l'Organisation du Traité de l'Atlantique Nord
ES Delegación Permanente de la República Federal de Alemania ante la Organización del Tratado del Atlántico del Norte

DE Ständige Vertretung der Bundesrepublik Deutschland bei der Organisation für Wirtschaftliche Zusammenarbeit und Entwicklung (OECD), Paris

< AA

EN Permanent Mission of the Federal Republic of Germany to the OECD
FR Mission permanente de la République fédérale d'Allemagne auprès de l'OCDE
ES Misión Permanente de la República Federal de Alemania ante la OCDE

DE Ständige Vertretung der Bundesrepublik Deutschland bei der UNESCO, Paris
< AA
EN Permanent Delegation of the Federal Republic of Germany to UNESCO
FR Délégation permanente de la République fédérale d'Allemagne auprès de l'UNESCO
ES Delegación Permanente de la República Federal de Alemania ante la UNESCO

DE Ständige Vertretung der Bundesrepublik Deutschland beim Europarat, Straßburg
< AA
EN Permanent Representation of the Federal Republic of Germany to the Council of Europe
FR Représentation permanente de la République fédérale d'Allemagne auprès du Conseil de l'Europe
ES Representación Permanente de la República Federal de Alemania ante el Consejo de Europa

DE Statistisches Bundesamt StBA
< BMI
(Bundesoberbehörde)
EN Federal Statistical Office
FR Office fédéral de la Statistique
ES Oficina Federal de Estadística
IT Ufficio Statistico Federale

DE Stellvertreter des Bundeskanzlers und Bundesminister des Auswärtigen
EN Deputy Federal Chancellor and Federal Minister for Foreign Affairs
FR Suppléant du Chancelier fédéral et Ministre fédéral des Affaires étrangères
ES Canciller Federal Suplente y Ministro Federal de Relaciones Exteriores
NL Plaatsvervangend Bondskanselier en Bondsminister van Buitenlandse Zaken
IT Supplente del Cancelliere Federale e Ministro Federale degli Affari Esteri
RU Заместитель Федерального канцлера, Федеральный министр иностранных дел
PT Substituto do Chanceler Federal e Ministro Federal dos Negócios Estrangeiros
PL Wicekanclerz i Federalny Minister Spraw Zagranicznych
HS Zamenik saveznog kancelara i savezni ministar inostranih poslova

DE Stifterverband für die deutsche Wissenschaft e.V.
EN Donors' Association for the Promotion of Sciences and Humanities in Germany
FR Association des donateurs pour l'avancement des sciences et des lettres en Allemagne
ES Asociación de Donantes de la Ciencia Alemana

DE Stiftung Bundeskanzler-Adenauer-Haus
< BMI
(durch Gesetz geschaffene staatliche Stiftung)
EN Home of Chancellor Adenauer Foundation
FR Fondation de la maison du Chancelier fédéral Adenauer
ES Fundación de la Casa del Canciller Federal Adenauer
PL Fundacja Dom Kanclerza Adenauera

DE Stiftung für internationale Entwicklung → Deutsche Stiftung für internationale Entwicklung

DE Stiftung Preußischer Kulturbesitz SPK
< BMI
(bundesunmittelbare Stiftung des öffentlichen Rechts)
EN Prussian Cultural Heritage Foundation
FR Fondation "Patrimoine culturel de Prusse"
ES Fundación del Patrimonio Cultural Prusiano
RU Фонд прусского культурного достояния

DE Stiftung Wissenschaft und Politik - Forschungsinstitut für Internationale Politik und Sicherheit SWP
(öffentliche und gemeinnützige Stiftung des bürgerlichen Rechts; der Name der Stiftung bleibt in der Regel unübersetzt; im Bedarfsfall können - als ergänzende fremdsprachige Wiedergabe der deutschen Bezeichnung - die nachstehenden Übersetzungen verwendet werden.)
EN Foundation for Science and Politics - Research Institute for International Politics and Security
FR Fondation pour la science et la politique - Institut de recherche pour la politique et la sécurité internationales
ES Fundación Ciencia y Política - Instituto de Investigación para Política y Seguridad Internacionales

DE Straßenbauverwaltung
EN Administration of Road Construction
FR Administration de la construction routière
ES Administración de Construcción de Carreteras

DE Streitkräfteamt SKA
< BMVg
EN Armed Forces Office
FR Office des forces armées
ES Oficina General de las Fuerzas Armadas

DE Studienstiftung des deutschen Volkes SdV
EN German National Scholarship Foundation
FR Fondation universitaire allemande
ES Fundación Universitaria Alemana

DE Technisches Hilfswerk → Bundesanstalt Technisches Hilfswerk (im Bundesamt für Zivilschutz)

DE Territorialkommando Nord
< BMVg
EN German Territorial Northern Command GTNC
FR Commandement territorial Nord
ES Mando Territorial Norte

DE Territorialkommando Schleswig-Holstein / Deutscher Bevollmächtigter im Bereich AFNORTH
< BMVg
EN Territorial Command Schleswig-Holstein / German Representative AFNORTH Region GTC S-H
FR Commandement territorial du Schleswig-Holstein / Délégué allemand dans la région AFNORTH
ES Mando Territorial de Schleswig-Holstein / Delegado Alemán en la Región AFNORTH

DE Territorialkommando Süd
< BMVg
EN German Territorial Southern Command
FR Commandement territorial Sud
ES Mando Territorial Sur

DE Treuhandstelle für den Interzonenhandel
(ehemalige Bezeichnung der → Treuhandstelle für Industrie und Handel)

DE Treuhandstelle für Industrie und Handel — TSI
< BMWi
(früher: Treuhandstelle für den Interzonenhandel)
EN Trust Agency for Industry and Trade
FR Office fiduciaire de l'industrie et du commerce
ES Agencia Fiduciaria para la Industria y el Comercio
IT Ufficio Fiduciario dell'Industria e del Commercio
RU Фидуциарное бюро по промышленности и торговле

DE Truppendienstgericht (Mitte, Nord, Süd)
< BMVg
EN Federal Armed Forces Disciplinary and Complaints Court
FR Tribunal disciplinaire et des réclamations des Forces armées fédérales
ES Tribunal Disciplinario y de Reclamaciones de las Fuerzas Armadas Federales

DE Übersee-Institut → Deutsches Übersee-Institut

DE Umweltbundesamt — UBA
< BMU
(Bundesoberbehörde)
EN Federal Environmental Agency
FR Office fédéral de l'environnement
ES Instituto Federal del Medio Ambiente
IT Istituto Federale dell'Ambiente
RU Федеральное ведомство по охране окружающей среды
PT Instituto Federal do Meio Ambiente

DE Universität der Bundeswehr
< BMVg
EN Federal Armed Forces University
FR Université des Forces armées fédérales
ES Universidad de las Fuerzas Armadas Federales
IT Università delle Forze Armate Federali

DE Verein für öffentliche und private Fürsorge → Deutscher Verein für öffentliche und private Fürsorge

DE Vereinigung Deutsch-Französischer Gesellschaften in Deutschland und Frankreich VDFG
(umfaßt 84 deutsche und 46 französische selbständige Gesellschaften)
EN Federation of Franco-German Associations in Germany and France
FR Fédération des Associations franco-allemandes en France et en Allemagne
ES Federación de Asociaciones Germano-Francesas en Alemania y en Francia

DE Versicherungsamt → Bundesversicherungsamt

DE Versorgungsanstalt des Bundes und der Länder VBL
< BMF
(Anstalt des öffentlichen Rechts)
EN Federal and Länder Government-Service Supplementary Pension Agency
FR Caisse de retraite complémentaire de la Fédération et des Länder
ES Caja de Pensiones Complementarias de la Federación y de los Länder

DE Vertretung des Landes ... beim Bund
(amtliche Bezeichnung: → Bevollmächtigter des Landes ... beim Bund)
EN Representation of Land ... to the Federation
FR Représentation du Land de ... auprès de la Fédération
ES Representación del Land ... ante la Federación
IT Rappresentanza del Land ... presso la Federazione

DE Verwaltungsamt → Bundesverwaltungsamt, → Bundeswehrverwaltungsamt, → Verwaltungsamt für innere Restitutionen

DE Verwaltungsamt für innere Restitutionen
< BMF
EN Administrative Office for Internal Restitution
FR Office d'administration des restitutions internes
ES Oficina de Administración de Restituciones Internas

DE Verwaltungsgericht
EN Administrative Court
FR Tribunal administratif
ES Tribunal Contencioso-administrativo
IT Tribunale Amministrativo
HS upravni sud

DE Verwaltungsgerichtshof
(nur in Baden-Württemberg, Bayern und Hessen verwendete Bezeichnung; entspricht dem → Oberverwaltungsgericht in den übrigen Ländern)
EN Higher Administrative Court
FR Tribunal administratif supérieur
ES Tribunal Contencioso-administrativo Superior
IT Tribunale Amministrativo Superiore
HS viši upravni sud

DE Verwaltungsrat der Deutschen Bundespost
< BMPT
EN Administrative Council of the Deutsche Bundespost
FR Conseil d'administration de la Deutsche Bundespost
ES Consejo de Administración del Deutsche Bundespost
IT Consiglio d'Amministrazione della Deutsche Bundespost

DE Volksbund Deutsche Kriegsgräberfürsorge VDK
EN German War Graves Commission
FR Service pour l'entretien des sépultures militaires allemandes
ES Comisión para la Conservación de Tumbas Militares Alemanes
IT Lega popolare tedesca per la cura delle tombe di guerra
RU Немецкий народный союз по уходу за солдатскими могилами

DE Volkshochschul-Verband → Deutscher Volkshochschul-Verband e.V.

DE Warnamt
< BMI
EN Warning Office
FR Bureau d'alerte
ES Central de Alerta

DE Wasser- und Schiffahrtsamt
EN Local Office for Waterways and Shipping
FR Office local des voies navigables et de la navigation
ES Subdirección de Vías Navegables y de Navegación

DE Wasser- und Schiffahrtsdirektion WSD
< BMV
EN Waterways and Shipping Directorate
FR Direction des voies navigables et de la navigation
ES Dirección de Vías Navegables y Navegación

DE Wasserbauamt
EN Waterway Engineering Office
FR Office local de construction des voies navigables
ES Oficina Local de Construcción de Vías Navegables

DE Wasserstraßen-Maschinenamt
EN Waterway Machinery and Equipment Office
FR Office local de l'entretien et du matériel des installations mécaniques des voies navigables
ES Oficina Local de Maquinaria para Vías fluviales

DE Wehrbereichskommando
< BMVg
EN Military District Command
FR Commandement de Région militaire
ES Mando de la Región Militar

DE Wehrbereichsverwaltung
< BMVg
EN Military District Office of Administration
FR Direction régionale de l'administration des Forces armées fédérales
ES Administración de la Región Militar

DE Wehrdienstsenat (beim Bundesverwaltungsgericht)
< BMJ
EN Military Affairs Division
FR Chambre des affaires militaires
ES Sala de Asuntos Militares

DE Welthungerhilfe → Deutsche Welthungerhilfe

DE Westdeutsche Rektorenkonferenz WRK
EN West German Rectors' Conference
FR Conférence des recteurs de la République fédérale d'Allemagne
ES Conferencia de los Rectores de la República Federal de Alemania
IT Conferenza dei Rettori della Repubblica Federale di Germania
RU Конференция ректоров западногерманских вузов

DE Wetterdienst → Deutscher Wetterdienst - Zentralamt -

DE Wilhelmine-Lübke-Stiftung → Kuratorium Deutsche Altershilfe e.V. - Wilhelmine-Lübke-Stiftung

DE Zentralamt für Zulassungen im Fernmeldewesen
< BMPT
EN Central Approval Office for Telecommunications
FR Service des agréments et autorisations des télécommunications
ES Oficina Central de Homologaciones en Telecomunicaciones

DE Zentrale Transportleitung (der Deutschen Bundesbahn)
< BMV
EN Transport Control Centre (of the German Federal Railway)
FR Direction centrale des transports par chemin de fer
ES Dirección Central de Transportes (de los Ferrocarriles Federales Alemanes)

DE Zentralkomitee zur Bekämpfung der Tuberkulose → Deutsches Zentralkomitee zur Bekämpfung der Tuberkulose

DE Zentralrat der Juden in Deutschland
(DE: Vorsitzender des Direktoriums; EN: President of the Board of Directors)
EN Central Council of Jews in Germany
FR Comité central des juifs d'Almagne
ES Comité Central de los Judíos de Alemania
RU Центральный комитет евреев в Германии

DE Zentralregister → Bundeszentralregister

DE Zentralstelle für Agrardokumentation und -information ZADI
< BML
EN Central Agricultural Documentation and Information Office
FR Office central de documentation et d'information agricoles
ES Servicio Central de Documentación e Información Agrícola

DE Zentralstelle für Arbeitsvermittlung der Bundesanstalt für Arbeit ZAV
EN Central Placement Office of the Federal Institute for Employment
FR Service central de placement de l'Office fédéral de l'emploi
ES Oficina Central de Colocación del Instituto Federal del Trabajo

DE Zentralstelle für ausländisches Bildungswesen
< KMK
EN Central Office for Foreign Education
FR Office central de l'éducation à l'étranger
ES Servicio Central de Educación Extranjera

DE Zentralstelle für das Auslandsschulwesen → Bundesverwaltungsamt - Zentralstelle für das Auslandsschulwesen

DE Zentralverband des deutschen Handwerks ZDH
EN Central Association of German Craft Industry and Trades
EN Central Association of German Skill Craft and Trades
FR Union centrale de l'artisanat allemand
ES Unión Central del Artesanado Alemán

DE Zentrum Innere Führung
< BMVg
EN Leadership Development and Civic Education Centre
FR Centre de formation morale et civique
ES Centro de Formación Moral y Cívica

DE Zollkriminalinstitut ZKI
< BMF
EN Customs Criminological Institute
FR Institut criminel des douanes
ES Instituto de Delitos Aduaneros

DE Zolltechnische Prüfungs- und Lehranstalt ZPLA
< BMF
EN Customs Laboratory and Training College
FR Centre d'analyses et de formation des douanes
ES Centro de Análisis y Formación de Aduanas

Stichwortindex

Abkürzungsindex

Hierarchischer Index

AA
Auswärtiges Amt
AGEH
Arbeitsgemeinschaft für Entwicklungshilfe e.V.
AKE
Arbeitskreis Entwicklungspolitik e.V.
AkzV
Akademie für zivile Verteidigung
ANBW
Amt für Nachrichtenwesen der Bundeswehr
AOK-BV
Bundesverband der Ortskrankenkassen
AUMA
Ausstellungs- und Messe-Ausschuß der deutschen Wirtschaft e.V.
AvH
Alexander von Humboldt-Stiftung
AW
Arbeiterwohlfahrt Bundesverband e.V.

BA
Bundesanstalt für Arbeit
BAA
Bundesausgleichsamt
BAFF
Bundesanstalt für Fleischforschung
BAFl
Bundesamt für die Anerkennung ausländischer Flüchtlinge
BafU
Bundesausführungsbehörde für Unfallversicherung
BAG
Bundesanstalt für den Güterfernverkehr
Bundesarbeitsgericht
BAGFW
Bundesarbeitsgemeinschaft der Freien Wohlfahrtspflege e.V.
BAH
Biologische Anstalt Helgoland
BAköV
Bundesakademie für öffentliche Verwaltung im Bundesministerium des Innern
BAKred
Bundesaufsichtsamt für das Kreditwesen
BAkWVT
Bundesakademie für Wehrverwaltung und Wehrtechnik
BALM
Bundesanstalt für landwirtschaftliche Marktordnung
BAM
Bundesanstalt für Materialforschung und -prüfung
BAR
Bundesarbeitsgemeinschaft für Rehabilitation
BArch
Bundesarchiv

BAS
Bundesamt für Schiffsvermessung
BASt
Bundesanstalt für Straßenwesen
BAU
Bundesanstalt für Arbeitsschutz
BAufnSt
Bundesaufnahmestelle (in Berlin, ... in Gießen)
BAV
Bundesaufsichtsamt für das Versicherungswesen
BAW
Bundesamt für Wirtschaft
Bundesanstalt für Wasserbau
BAZ
Bundesamt für den Zivildienst
BBA
Biologische Bundesanstalt für Land- und Forstwirtschaft
BBD
Bundesbaudirektion
BDI
Bundesverband der Deutschen Industrie e.V.
Bundesverband der Innungskrankenkassen
BDiA
Bundesdisziplinaranwalt
BDiszG
Bundesdisziplinargericht
BDr
Bundesdruckerei
BEF
Bundesamt für Ernährung und Forstwirtschaft
BeschSt
Beschaffungsstelle des Bundesministers des Innern
BfA
Bundesversicherungsanstalt für Angestellte
BFAGK
Bundesforschungsanstalt für Getreide- und Kartoffelverarbeitung
BfAI
Bundesstelle für Außenhandelsinformation
BFANL
Bundesforschungsanstalt für Naturschutz und Landschaftsökologie
BFAR
Bundesforschungsanstalt für Rebenzüchtung Geilweilerhof
BFAVT
Bundesforschungsanstalt für Viruskrankheiten der Tiere
BfD
Bundesbeauftragter für den Datenschutz
BfF
Bundesamt für Finanzen
BfG
Bundesanstalt für Gewässerkunde

BfgA
Gesamtdeutsches Institut - Bundesanstalt für gesamtdeutsche Aufgaben
BfGE
Bundesvereinigung für Gesundheitserziehung e.V.
BFH
Bundesfinanzhof
Bundesforschungsanstalt für Forst- und Holzwirtschaft
BfLR
Bundesforschungsanstalt für Landeskunde und Raumordnung
BFS
Bundesanstalt für Flugsicherung
BfV
Bundesamt für Verfassungsschutz
BGA
Bundesgesundheitsamt
Bundesverband des Deutschen Groß- und Außenhandels e.V.
BGH
Bundesgerichtshof
BGR
Bundesanstalt für Geowissenschaften und Rohstoffe
BGS
Bundesgrenzschutz
BHK
Bundeshauptkasse
BIB
Bundesinstitut für Bevölkerungsforschung
BIBB
Bundesinstitut für Berufsbildung
BIOst
Bundesinstitut für ostwissenschaftliche und internationale Studien
BISp
Bundesinstitut für Sportwissenschaft
BK
Bundeskanzler
Bundeskanzleramt
BKA
Bundeskriminalamt
BKartA
Bundeskartellamt
BKn
Bundesknappschaft
BLK
Bund-Länder-Kommission für Bildungsplanung und Forschungsförderung
BMA
Bundesminister für Arbeit und Sozialordnung
BMB
Bundesminister für innerdeutsche Beziehungen
BMBau
Bundesminister für Raumordnung, Bauwesen und Städtebau
BMBW
Bundesminister für Bildung und Wissenschaft

BMF
Bundesminister der Finanzen
BMFT
Bundesminister für Forschung und Technologie
BMI
Bundesminister des Innern
BMJ
Bundesminister der Justiz
BMJFFG
Bundesminister für Jugend, Familie, Frauen und Gesundheit
BML
Bundesminister für Ernährung, Landwirtschaft und Forsten
BMonV
Bundesmonopolverwaltung für Branntwein
BMPT
Bundesminister für Post und Telekommunikation
BMU
Bundesminister für Umwelt, Naturschutz und Reaktorsicherheit
BMV
Bundesminister für Verkehr
BMVg
Bundesminister der Verteidigung
BMWi
Bundesminister für Wirtschaft
BMZ
Bundesminister für wirtschaftliche Zusammenarbeit
BND
Bundesnachrichtendienst
BOSeeA
Bundesoberseeamt
BPA
Presse- und Informationsamt der Bundesregierung
BPatG
Bundespatentgericht
BpB
Bundeszentrale für politische Bildung
BPr
Bundespräsident
BPrA
Bundespräsidialamt
BPS
Bundesprüfstelle für jugendgefährdende Schriften
BR
Bundesrat
BRH
Bundesrechnungshof
BSA
Bundessortenamt
BSG
Bundessozialgericht

BSprA
Bundessprachenamt
BSR
Bundessicherheitsrat
BStBK
Bundessteuerberaterkammer, Körperschaft des öffentlichen Rechts
BSV
Bundesschuldenverwaltung
BT
Deutscher Bundestag
BVA
Bundesversicherungsamt
Bundesverwaltungsamt
BVA-BBB-
Bundesverwaltungsamt - Bundesstelle für Büroorganisation und Bürotechnik -
BVerfG
Bundesverfassungsgericht
BVerwG
Bundesverwaltungsgericht
BVS
Bundesverband für den Selbstschutz
BWB
Bundesamt für Wehrtechnik und Beschaffung
BWDA
Bundeswehrdisziplinaranwalt beim Bundesverwaltungsgericht
BWV
Bundesbeauftragter für Wirtschaftlichkeit in der Verwaltung
BWVA
Bundeswehrverwaltungsamt
BZA
Bundesbahn-Zentralamt
BzgA
Bundeszentrale für gesundheitliche Aufklärung
BZR
Bundeszentralregister
BZS
Bundesamt für Zivilschutz

CDG
Carl Duisberg Gesellschaft e.V.
CDU
Christlich Demokratische Union Deutschlands
ChBPrA
Chef des Bundespräsidialamtes
CSU
Christlich Soziale Union

DAAD
Deutscher Akademischer Austauschdienst e.V.

DAI
Deutsches Archäologisches Institut
DB
Deutsche Bundesbahn
DBJR
Deutscher Bundesjugendring
DBK
Deutsche Bischofskonferenz
DBP
Deutsche Bundespost
DBV
Deutscher Bauernverband e.V.
DED
Deutscher Entwicklungsdienst, Gemeinnützige Gesellschaft mbH
DEG
DEG - Deutsche Finanzierungsgesellschaft für Beteiligungen in Entwicklungsländern GmbH
DFB
Deutscher Fußball-Bund
DFG
Deutsche Forschungsgemeinschaft
DFGWT
Deutsch-französische Gesellschaft für Wissenschaft und Technologie
DFI
Deutsch-Französisches Institut
DFJW
Deutsch-Französisches Jugendwerk
DFVLR
Deutsche Forschungs- und Versuchsanstalt für Luft- und Raumfahrt e.V.
DGB
Deutscher Gewerkschaftsbund
DGBank
Deutsche Genossenschaftsbank
DGVN
Deutsche Gesellschaft für die Vereinten Nationen e.V.
DHI
Deutsches Historisches Institut
Deutsches Hydrographisches Institut
DHS
Deutsche Hauptstelle gegen die Suchtgefahren e.V.
DIE
Deutsches Institut für Entwicklungspolitik GmbH
DIHT
Deutscher Industrie- und Handelstag
DIMDI
Deutsches Institut für medizinische Dokumentation und Information
DIN
DIN Deutsches Institut für Normung e.V.
dkfz
Deutsches Krebsforschungszentrum Heidelberg, Stiftung des öffentlichen Rechts

dlt
Deutscher Landkreistag
DMR
Deutscher Musikrat - Sektion Bundesrepublik Deutschland im Internationalen Musikrat
DPA
Deutsches Patentamt
DPWV
Deutscher Paritätischer Wohlfahrtsverband - Gesamtverband e.V.
DRK
Deutsches Rotes Kreuz e.V.
DSB
Deutscher Sportbund
DSE
Deutsche Stiftung für internationale Entwicklung
DSGV ö.K.
Deutscher Sparkassen- und Giroverband - Körperschaft des öffentlichen Rechts, Frankfurt
DSL-Bank
Deutsche Siedlungs- und Landesrentenbank
DST
Deutscher Städtetag
DStGB
Deutscher Städte- und Gemeindebund
dv
Deutscher Verein für öffentliche und private Fürsorge
DVV
Deutscher Volkshochschul-Verband e.V.
DWD
Deutscher Wetterdienst - Zentralamt -
DZK
Deutsches Zentralkomitee zur Bekämpfung der Tuberkulose

EKA
Evangelisches Kirchenamt für die Bundeswehr

F.D.P.
Freie Demokratische Partei
FAL
Bundesforschungsanstalt für Landwirtschaft
FES
Friedrich-Ebert-Stiftung e.V.
FH Bund
Fachhochschule des Bundes für öffentliche Verwaltung
FTZ
Fernmeldetechnisches Zentralamt
FüAkBw
Führungsakademie der Bundeswehr

GAWI
Deutsche Förderungsgesellschaft für Entwicklungsländer GmbH
GBA
Generalbundesanwalt beim Bundesgerichtshof
GMD
Gesellschaft für Mathematik und Datenverarbeitung m.b.H.
Grüne
Die Grünen
GTZ
Deutsche Gesellschaft für Technische Zusammenarbeit GmbH
GZR
Gewerbezentralregister

HPA
Hauptprüfungsamt für die Deutsche Bundesbahn
HSS
Hanns-Seidel-Stiftung e.V.
HVB
Hauptverwaltung der Deutschen Bundesbahn

IfA
Institut für Auslandsbeziehungen
IfAG
Institut für Angewandte Geodäsie
IfB
Institut für Bauforschung e.V.
IHK
Industrie- und Handelskammer
IJAB
Internationaler Jugendaustausch- und Besucherdienst der Bundesrepublik Deutschland e.V.
IRAM
Institut für Radioastronomie im mm-Wellenbereich
IW
Institut der Deutschen Wirtschaft e.V.

KAS
Konrad-Adenauer-Stiftung e.V.
KBA
Kraftfahrt-Bundesamt
KBV
Kassenärztliche Bundesvereinigung, Körperschaft des öffentlichen Rechts
KDA
Kuratorium Deutsche Altershilfe e.V. - Wilhelmine-Lübke-Stiftung -
KFA
Kernforschungsanlage Jülich
KfW
Kreditanstalt für Wiederaufbau

KHI
Kunsthistorisches Institut in Florenz
KMBA
Katholisches Militärbischofsamt
KMK
Ständige Konferenz der Kultusminister der Länder in der Bundesrepublik Deutschland
KZBV
Kassenzahnärztliche Bundesvereinigung, Körperschaft des öffentlichen Rechts

LBA
Luftfahrt-Bundesamt
LHÜ
Arbeitskreis "Lernen und Helfen in Übersee" e.V.

MAD
Amt für den Militärischen Abschirmdienst (MAD-Amt)
MGW
Elly-Heuss-Knapp-Stiftung, Deutsches Mütter-Genesungswerk
MPG
Max-Planck-Gesellschaft zur Förderung der Wissenschaften
MPIfR
Max-Planck-Institut für Radioastronomie

NAB
Nationaler Aids-Beirat

OBA
Oberbundesanwalt beim Bundesverwaltungsgericht
OBS
Otto Benecke Stiftung
OPA
Oberprüfungsamt für die höheren technischen Verwaltungsbeamten
ORG
Oberstes Rückerstattungsgericht

PEI
Paul-Ehrlich-Institut - Bundesamt für Sera und Impfstoffe -
PFA
Polizeiführungsakademie
PTB
Physikalisch-Technische Bundesanstalt

SdV
Studienstiftung des deutschen Volkes

SKA
Streitkräfteamt
SPD
Sozialdemokratische Partei Deutschlands
SPK
Stiftung Preußischer Kulturbesitz
StBA
Statistisches Bundesamt
SWP
Stiftung Wissenschaft und Politik - Forschungsinstitut für Internationale Politik und Sicherheit

THW
Bundesanstalt Technisches Hilfswerk (im Bundesamt für Zivilschutz)
TSI
Treuhandstelle für Industrie und Handel

UBA
Umweltbundesamt

VBL
Versorgungsanstalt des Bundes und der Länder
VDFG
Vereinigung Deutsch-Französischer Gesellschaften in Deutschland und Frankreich
VDK
Volksbund Deutsche Kriegsgräberfürsorge

WRK
Westdeutsche Rektorenkonferenz
WSD
Wasser- und Schiffahrtsdirektion

ZADI
Zentralstelle für Agrardokumentation und -information
ZAV
Zentralstelle für Arbeitsvermittlung der Bundesanstalt für Arbeit
ZDH
Zentralverband des deutschen Handwerks
ZKI
Zollkriminalinstitut
ZPLA
Zolltechnische Prüfungs- und Lehranstalt

- Bundesamt für Wehrtechnik und Beschaffung
- Bundesinstitut für chemisch-technische Untersuchungen
- Bundessprachenamt
- Bundeswehrdisziplinaranwalt beim Bundesverwaltungsgericht
- Bundeswehrverwaltungsamt
- Bundeswehrverwaltungsschule
- Evangelisches Kirchenamt für die Bundeswehr
- Fernmeldeamt der Bundeswehr
- Flottenkommando
- Führungsakademie der Bundeswehr
- Heeresamt
- Katholisches Militärbischofsamt
- Korps (der Bundeswehr)
- Luftflottenkommando
- Luftwaffenamt
- Luftwaffenunterstützungskommando
- Marineamt
- Marineunterstützungskommando
- Materialamt der Bundeswehr
- Militärgeschichtliches Forschungsamt
- Personalstammamt der Bundeswehr
- Sanitätsamt der Bundeswehr
- Streitkräfteamt
- Territorialkommando Nord
- Territorialkommando Schleswig-Holstein / Deutscher Bevollmächtigter im Bereich AFNORTH
- Territorialkommando Süd
- Truppendienstgericht (Mitte, Nord, Süd)
- Universität der Bundeswehr
- Wehrbereichskommando
- Wehrbereichsverwaltung
- Zentrum Innere Führung

BMWi
- Bundesamt für Wirtschaft
- Bundesanstalt für Geowissenschaften und Rohstoffe
- Bundesanstalt für Materialforschung und -prüfung
- Bundeskartellamt
- Bundesstelle für Außenhandelsinformation
- Physikalisch-Technische Bundesanstalt
- Treuhandstelle für Industrie und Handel

ChBPrA
- Bund-Länder-Kommission für Bildungsplanung und Forschungsförderung

KMK
- Zentralstelle für ausländisches Bildungswesen

W DE G

Walter de Gruyter Berlin · New York

Terminological Series
issued by the Foreign Office of the Federal Republic of Germany

Volume 1

Disarmament Terminology

compiled by the Language Services Division of the Foreign Office of the Federal Republic of Germany

23 x 15.5 cm XII, 645 pages. 1982. Boards. DM 90.00 ISBN 3 11 008858 4

This five-language glossary contains terms and phrases relating to disarmament, as well as designations of relevant organizations, authorities, conferences, bilateral and multilateral agreements compiled in English, German, French, Spanish and Russian. Terms in one language can be traced via any ot the indexes in the other languages.
The English, French, Spanish and Russian entries are in line with United Nations Terminology Bulletin No. 310 of 17. February 1978. The official German equivalents have been prepared by the Federal Foreign Office in collaboration with the Federal Ministry of Defence.
The base language of the glossary is English. All cross-references and references from abbreviations back to the complete terms therefore set out from English.
Abbreviations as well as additional aids for the other languages are included in the respective indexes.

Supplement: Japanese

(In japanese language)
Translated by Goro Tazawa

23 x 15.5 cm. VIII, 194, 10 pages. 1988. Paperback DM 62.00 ISBN 3 11 009883 0

Volume 2

Internationale Organisationen/International Organizations

Designations, Abbrevations, Acronyms

Compiled by the Language Services Division of the Foreign Office of the Federal Republic of Germany

23 x 15.5 cm. XIV, 640 pages. 1985. Boards. DM 128.00 ISBN 3 11 010042 8

This work contains the designations of bilateral and multilateral organizations, programmes, institutions and other institutes with their respective abbreviations. It is multilingually organized (German, English, French, Spanish, Dutch, Italian, Russian), with German being used as the base language in the glossary. Cross-references and other references also start from German.
Priority was given to reliability over completeness in establishing the terminological equivalents and abbreviations in the various languages. Thus, no translations or abbreviations in the other six languages were 'invented' if not found in reliable sources. This results in the fact that not all languages are included in each entry.
Volume 2 is thus a reference book for international organizations which can be used for the preparation, revision and translation of texts, and which with its various sections can also serve as a handbook.